看圖作文新智能

張春榮◎著

萬卷樓

自　序

　　看圖作文的流變有三：第一、國小低年級寫作入門；第二、國中高中「語文表達能力」題型；第三、創意寫作的測試。

　　就國小低年級而言，「看圖作文」的提早寫作，以「看圖」為輔，以「作文」為主。藉由「視覺組織圖」的媒介、過渡，藉由「看圖說話」、「看圖寫話」的「口述」練習，邁向「筆述」的啟蒙寫作。歷來相關著作，計有：鄭發明《看圖作文引導》（一九七九，青少年），翁萃芝《看圖作文引導》（一九八五，愛智），鄭同元、鄭博真《國小看圖作文指導》（一九九二，華淋），林淑英《作文新苗看圖學作文》（一九九三，華一），傅素君、袁中美《看圖作文》（一九九四，新學友），楊方《小學生看圖作文辭典》（一九九四，漢語大詞典），盛子明《中國小學生看圖作文大全》（一九九九，上海遠東），齊峰等《中國中學生材料作文指導大全》（一九九九，山西教育），任彥鈞《小學生看圖作文》（二〇〇〇，北岳文藝），劉鋒、王中文《中國小學生典範看圖作文寫法大全》（二〇〇一，未來），林蔚人、徐長智《小學生看圖示範作文》（二〇〇二，西苑），劉晉軍《小學卷·看圖作文》（二〇〇三，伊犁人民）等。其中「圖形」，多為實際「人、事、景物」構成的具體情境。

　　就國中高中而言，「看圖作文」列屬「限制式寫作」（引導式寫作）題型，藉由不同圖形（具象全圖、抽象示意圖、座標圖）的設計，測試莘莘學子的語文表達能力。歷來相關著作，計有：賴慶雄、楊慧文《作文新題型》（一九九六，螢火蟲），賴慶雄《新型作文贏家》（一九九九，螢火蟲），王昌煥《國文語文表達能力秘笈》（二〇〇一，翰林），黃春貴等《高中國文語文表達能力訓練》（二〇〇一，翰林），趙公正《高中語文表達作文訓練》（二〇〇一，建宏），楊鴻銘《語文表達寫作能力要覽》（二〇〇一，建宏），林繼生《語文表達能力測驗強棒手冊》（二〇〇一，三民），國家考試國文科專案小組《國家考試國文科命題參考手冊》（二〇〇二，考選部），蕭蕭、陳正家《國文語文表達能力應試對策》（二〇〇二，晟景），林明進等《實用國文科表達能力絕響》（二〇〇二，華達），林明進《理解與分析的寫作》（二〇〇三，國語日報）等。其中「圖形」，不管具象寫實或抽象寫意，均為固定圖形（非未完成圖形），要求莘莘學子在一定的字數內，呈現綜合（觀察力、思考力、想像力）的表達能力。

　　就創意寫作而言，「看圖作文」中的「圖形」，可以化消極為積極，力求變化，激發莘莘學子更多元的創思。以「添圖作文」為例，藉由未定、簡化的線條，讓學子發揮完形心理，增添擴展，完成圖形。似此，可參黃秋芳《穿上文學的翅膀》（一九九〇，黃秋芳創作坊）中〈異想天開〉。以

「繪圖作文」為例，藉由多幅型（通常為四幅圖）中的空格（通常空一格），要學子掌握聯貫性，發揮想像力，先繪出圖形，而後再加描繪敘述。質實言之，亦即於「繪圖」之際，結合「續寫」（接寫、補寫）類型。似此，可參黃基博《看圖作文新方法》（二〇〇一，螢火蟲）中〈寫故事的結尾〉、〈大家做好事〉、〈鱷魚〉。以「組合圖形作文」為例，藉由圖形的「強迫組合」，化不相干為相干，化風馬牛為相及，讓莘莘學子發揮「限制的自由」，尋繹其中關係，察覺其中轉折變化，釋放創意能量。可參林建平《創意的寫作教室》（一九八九，心理）中〈看圖作文〉。此類實作評量，多依創思「認知」的指標（敏覺力、變通力、流暢力、精進力、獨創力），加以檢核。

綜上觀之，「看圖作文」的進徑有二：第一、圖形的重要性提升。圖形不再是配角，而是主角的召喚結構，展現「空間智能」，召喚莘莘學子積極介入。似此圖形研發，可參陳建榮、陳吉林《小學作文教學大全》（二〇〇二，四川大學）中「單幅型」（圖題相配式、單圖自擬式、圖題提示式、一圖多層式、特寫放大式、平面說明式）、「多幅型」（多圖一材式、多圖多材式、大小圖配合式、空白補充式、畫外聯想式、重組排列式）。第二、作文的指標更形明確。傳統概括的「綜合」能力，不再籠統含混，「語文智能」的能力，細分為：觀察力、思考力、想像力、表達力。而各能力本身，各有各的指標（等級制）；得以讓莘莘學子有更清

晰的認知，讓作文教學有更清楚的方法，讓語文表達能力有更多元的開拓與深植。

　　本書《看圖作文新智能》，方軌前賢，歸納整理，注重「看圖作文」的教學與實務（「教學篇」、「題型篇」）；立基於正確性，恢宏於創造性，盼能對現今作文教學（「看圖寫短文」、「看圖寫故事」、「看圖寫詩」、「看圖造句」、「添圖寫短文」、「添圖造句」），有所助益。而撰述期間，國北師青青子衿據境游藝，熱心參與（語教系九三級、九四級、九五級「讀書指導」、台文所、語教所暑碩班），研究助理（志瑋、怡如）的助益，迄今感念。自一系列教學編著（《作文新饗宴》、《創意造句的火花》、《創思教學與童詩》）以來，師生心輝相映，教學相長，一直為筆者「語文志工」的夙願。誠如《西遊記》中孫悟空所言：「兩不相謝，彼此皆扶持也」（九十八回），唯殷切寄盼語教俊秀，春華秋實，青藍冰水，層樓更上，共同開創作文教學的新氣象。

張春榮 謹識於國北師語教系
二〇〇四年十二月二十二日

目次

自 序

教學篇

題型篇

教學篇

看圖作文與多元智能

壹、前言

看圖作文，並非單純的文字書寫，亦非被動的反應紀錄；而是「七分形象，三分想像」的複合書寫，充滿主動積極的「讀」（看圖）、「寫」（作文）創造力。就「多元智能理論」（multiple intelligences theory）觀之，看圖作文，實為「空間智能」（spatial intelligence）、「語文智能」（linguistic intelligence）的統整運作，考驗莘莘學子的「形象」（視覺）、「抽象」（心覺）的綜合智力。而一向被簡化的看圖作文，經由「空間智能」、「語文智能」理論的挹注，理路將更為清晰，方法將更為適切，足以開拓看圖作文在設計、教學上的新向度。

貳、空間智能

看圖作文是「心智之眼」（mind's eye）的顯影，觀察力與想像力的統合發揮。似此「看」「圖」的知覺能力，正與 Howard Gardner「多元智能理論」中的「空間智能」接軌。

空間智能，是攸關視覺的能力，包括正確覺察、變化與

3

修正、重新創造個人視覺經驗三個層次（H. Gardner, Frames of Mind, 1983）。進而可細分為七項流程（D. G. Lazear, The Intelligent Curriculum: Using Multiple Intelligences to Develop Your Students' Full Potential, 2000）：

一、活潑的想像力。

二、塑造心理意象。

三、找到所在位置的能力。

四、繪畫般的呈現。

五、辨識物體的空間關係。

六、心理的意象操作。

七、從不同角度準確的覺察。

整個流程，正是看圖作文中「觀察力」（第三項、第五項、第七項）、「想像力」（第一項、第二項、第四項、第六項）的交互運作。在「觀察力」上，正確掌握圖形重點（第三項）、整體構圖關係（第五項）、看圖角度的變化（第七項），由圖形的what，走向看圖的how；在「想像力」上，藉由自由聯想（第一項）、聯想的連結（第二項）、創造性的圖解（第四項）、不同向度的延伸，展現想像之敏覺、變通、精進的創思能量。

　　就看圖作文與空間智能的結合而言，最大的突破點有二：第一、「看圖」觀念的鬆動。基於空間智能「繪畫般的呈現」（為了傳達訊息、想法、概念、情感、過程或直覺，而去創造視覺性的圖解能力），「看圖」作文，不應只是單

純、被動的「看圖」而已；而應提升成主動的「添圖」、「繪圖」。質實而言，要求莘莘學子「添圖作文」、「繪圖作文」，在在召喚其空間智能，激發其更具創思能量的積極書寫。第二、圖形設計，不宜孤立、隨意，而應由淺入深，形成序列。尤其看圖作文中圖形之設計、研發，應配合明確教學指標，循序漸進，培養莘莘學子的思維力。多元智能學者 C. S. Richard 即提出六種圖表構圖（Teaching Learners to Think, Read, and Write More Effectively in Content Subjects, 2000）：

一、㈠連續性構圖。

　　㈡全部步驟為一連續過程構圖。

二、主題式發展構圖。

三、分類構圖。

四、㈠比較、對照構圖。

　　㈡同、異構圖。

五、㈠鎖鏈式事件之因果關係構圖。

　　㈡多因一果之因果關係構圖。

　　㈢主要事件導致多結果之因果關係構圖。

六、㈠安排理由之說服式構圖。

　　㈡合理爭論之說服式構圖。

　　㈢正反觀點之說服式構圖。

很明顯的，第一種構圖，注重歷時性（時間先後關係）思考；第二種，注重衍生性思考；第三種，注重分析性思考；

看圖作文新智能

第四種，注重比較性思考；第五種，注重演繹性（因果關係）思考；第六種，注重歸納性、批判性思考；各有不同的教學指標。凡此種種（單元設計、學習單設計），均值得再加開拓。

參、語文智能

語文智能，是「有效運用」口頭語言或書寫文字的能力。奠基於正確性（「解決問題的能力」），發皇於創造性（「創作該文化所重視的作品的能力」，H. Gardner, 1983）。多元智能理論的創建者Gardner進一步將語文智能分為四方面：

一、**修辭方面的能力**：使用語言說服他人採取行動的能力。政治領袖與法律專家把這種能力發展到最高水平，但即使三歲小孩也有這方面的最低的能力。

二、**記憶方面的能力**：使用語言來記憶信息，如記憶物件名單和遊戲規則等。

三、**解釋方面的能力**：使用語言解釋事物的能力。課堂裡的教與學就是大量通過口語與書面語的解釋來進行的。語言提供的隱喻（metaphor）對解釋事物起了重要的作用。

四、**反思方面的能力**：使用語言反思或解釋語言活動的能力。連年幼的兒童也能問：「你說的X是Y的意

6

思嗎？」這顯示他能用語言反思更早使用過的語
　　　言。
指出語文智能，計包括「表達力」（「修辭方面的能力」）、
「記憶力」（「記憶方面的能力」）、「思考力」（運用對象語言
之「解釋方面的能力」、運用後設語言之「反思方面的能
力」）。其中「記憶力」係語文智能的知識，「思考力」（包
括理解、鑑賞）係語文智能運用的內涵，「表達力」則是運
用的藝術加工。

　　至於語文智能之思考力，宜自抽象思維（左腦）、形象
思維（右腦）的統整上，加以考察。據洪榮昭〈創意教學成
效評估指標〉（www.ccda.org.tw, 2002.5）：

一、抽象思維（理則性思考）

　　㈠分析性思考：分析（找出）事件、內容、文章等
　　　意涵或特質。

　　㈡比較性思考：比較事件、內容、文章等意涵或特
　　　質的異同。

　　㈢歸納性思考：根據事件、內容、文章等意涵異同
　　　歸納其概念結構（如依重要性）。

　　㈣演繹性思考：推論事件、內容、文章等意涵之相
　　　關（如因果關係）。

　　㈤批判性思考：批判事件、內容、文章等分析、比
　　　較、歸納、綜合之適當性。

　　㈥衍生性思考：根據事件、內容、文章之意涵衍生

新的意涵或應用。

二、形象思維（聯想性思考）

　　㈠相關性思考：依物性的意涵做相關連結或依類似
　　　　事理舉例（證）。

　　㈡取代性思考：依事物的特性、意涵做交換。

　　㈢擴展性思考：強調或擴大（延展）事物的特性、
　　　　意涵。

　　㈣縮小性思考：聚焦（或縮小、細分）事物的特
　　　　性、意涵。

　　㈤逆向性思考：反面連結事物的特性、意涵。

　　㈥重組性思考：依事物的特性、意涵之順序高低層
　　　　級做調整。

可見經由不同範疇、不同指標的釐清，語文智能中「觀察
力」、「思考力」（理則性思考）、「想像力」（聯想性思考）
的養成，將更為明確，更為具體。其次，在語文智能「表達
力」（「修辭方面的能力」）上，宜確切掌握重要辭格序列
（第一階段「比喻、擬人、誇張、雙關、類疊」、第二階段
「對偶／形式上對比、映襯／內容上對比、排比、層遞、頂
真」），並結合「創作表達力」教學指標（洪榮昭，2002）：

　　一、正確性：呈現知識的意涵或技法（如英文發音）的
　　　　最佳化。

　　二、熟練性：內容表達或技法運用的純熟。

　　三、效率性：知識呈現或練習在時間上及其他資源有效

的運用。

四、豐富化：內容呈現多元（不重覆太多或單一方向／向度）多類。

五、活潑化：內容呈現有節奏、有律動或流暢。

六、新穎性：創作內容具新穎（差異）或獨創。

七、細緻性：創作內容表達注重細節。

如此一來，相信對語文智能在「文法」（正確性、熟練性、效率性）、「修辭」（豐富化、活潑化、新穎性、細緻性）的培育、引導上，得以有更清晰的進路。

肆、結語

綜上所述，可見看圖作文教學，應告別「傳統路向」（要求學生接受正統的知識）的灌輸，邁向「創意路向」（期待學生對知識的詮釋有所參與）的互動，一再調整、實驗，開拓看圖作文新契機。

以看圖作文為例，其中「空間智能」（「視覺表現、藝術活動、想像力的遊戲、思維繪圖、比喻、視覺化想像」，T. Armstrong, 2000）、「語文智能」（「演講、討論、文字、講故事、集體朗讀、寫日記等」，T. Armstrong, 2000）之題型設計、教學策略、教學活動（包括合作學習），均值得每一位多元智能的創意教師再加研發；發展出「為多元智能而教」（Teaching for multiple intelligences），「藉多元智能而教」

（Teaching with multiple intelligneces）的教材、媒體教具、教學方法及評量，讓看圖作文的教學，更活潑、更豐美，建構出語文教學的新世界。

看 圖作文的圖形

　　看圖作文，是「七分形象，三分想像」的作文題型。經由「剛看不像，再看有點像」、「不看不像，越想越像」的視覺智能，統整轉化，邁向「能看」、「會看」、「能想」、「會想」、「能寫」、「會寫」的語文智能。

　　看圖作文的圖形，可以分兩大類：一、**傳統圖形**。講究明確示意，力求一致性；學子按圖索驥，認真解讀。二、**非傳統圖形**。講究開放示意，力求多元開展，學子可以自行添圖，兜出遊戲性質，給予更自由的書寫空間。

　　在傳統圖形（示意圖）上，最常見的是「具象類」（具體圖象、實際造型）和「抽象類」（簡化圖象、幾何圖形）。以具象類為例，如：

題目設定為「貓和魚在聊天」，要求用對話形式展開，則可以是：

1. 痞子貓：「美麗的『魚妹』，如果妳將那迷人的晶眸對我含情脈脈眨個三下，我就不把妳吃進肚子裡，妳覺得如何？」

   美麗魚：「如果你的鬍鬚先借我裝個假睫毛，我相信電力會更強喔！」

   痞子貓：「親愛的『魚妹』，妳相不相信我是老虎？」

   美麗魚：「我當然相信。只是老虎再怎麼厲害，也不能住在魚缸裡。」（楊于儂）

2. 貓：「為什麼你有這麼漂亮的衣服穿呢？」

   魚：「因為主人都給我營養的東西吃啊！」

   貓：「水裡很熱嗎？」

   魚：「才不呢，冬暖夏涼，舒服極了！」

   貓：「水裡好玩嗎？」

   魚：「當然囉，每天都可玩水呢！」

   貓：「我可以跟你一起玩嗎？」

   魚：「好啊！」

   誰知，這麼一跳，小貓淹死了。（區宏光）

3. 魚：「貓兄，你想下水消消暑嗎？」

   貓：「可是我怕水，除非你先把水喝光。」

   魚：「別呆了，魚是不喝水的。」

貓：「你不喝水，為什麼生活在水裡？」

魚：「你怕水，為什麼偏偏愛吃魚？」（陳朝松）

透過「角色扮演」，第一例寫痞子貓、美麗魚針鋒相對，唇槍舌戰。第二例寫精靈魚計誘小笨貓，竟然得逞。第三例寫聰明魚亦想計誘小花貓，小花貓絲毫不受騙上當。似此，分別經由擬人的「三分想像」，展現不同「看法」、不同「想法」。

　　至於抽象類，相較於具象類，更須敏覺力，更須變通力，介入相似聯想，更能激化創意的想像。如下圖：

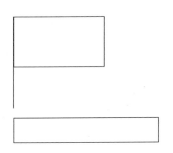

寫一段短文，題目自擬。可以是：

1.放學時

烈日下，高年級的學童擔任著交通糾察的工作，有模有

樣的吹著哨子,並以指揮棍擋住行車。導護老師也以旗子,指揮著返家的學童快速步行。(陳劼諡)

2.廚房裡

高溫廚房裡,轟隆隆的油鍋聲伴著胖廚師,一齊勤奮工作著。每當胖廚師揮著手上的大刀,往砧板上的肥豬肉重重落下時,飛濺的不只是肉末、血水,還和著胖廚師身上的汗珠。(陳劼諡)

3.捕蝶

捕蝶人在蝴蝶衝破蛹的剎那,捏住蝶的胸腹部。俐落的身手,將尚未飛行過的蝴蝶裝進腰際邊的小箱子裡。蝴蝶從此可以在標本盤保留住最美麗的型態,鮮豔的雙翅一點毀損也沒有。然而這樣的美,竟是一個個生命無法延續的犧牲。(陳劼諡)

第一例經由「旗子」、「指揮棍」的聯想,第二例經由「大刀」、「砧板」的聯想、第三例經由「腰上昆蟲箱」、「標本盤」的聯想,分別展開不同情境的想像。似此圖形,比起具象圖形,留下更多的空白,也留下更多的想像空間。

在非傳統圖形上,包括「未完成圖形」和「可逆圖形」。未完成圖形,即托倫斯(E. P. Torrance)揭示的「圖形創造思考測驗」:

分測驗名稱	測　　驗　　內　　涵
圖形結構	提供一張曲形圖，要受試者將這個曲形圖當做所畫出的一整幅畫中的一部分，並予以命名。
圖畫完成	提供十幅尚未完成的畫，讓受試者在上面加上一些線條，使成為有趣的東西或圖畫，並為它們定一個有趣的題目。
圓　　圈	提供36個圓圈圖案，要受試者任意在圓圈內外加上線條，使成為一整幅畫，並為畫完的圓圈加上題目。

依據這樣的構思，聖·修伯里《小王子》中的圖形，即為極佳範例：

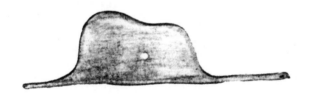

根據此未完成圖形，要莘莘學子發揮創思，在上面添加圖案，展開不同向度的空間智能與語文智能。於是，可以畫出：

看圖作文新智能

並寫出：

　　1.大自然的真相

　　蟒蛇嚼都不嚼，一口將整隻獵物吞到肚子裡，因而動彈不得。此後，為了消化這頓大餐，牠整整休眠了六個月之久。（《小王子》，楊玉娘譯，國際少年村，一九九七）

　　2.躲藏

　　一隻小象躲在山丘的後面，一動也不動，直到蟒蛇離開，才鬆了一口氣。（筆者）

各有不同的「看法」，不同的解讀。至於在可逆圖形上，由於圖形具有可逆性，倒過來看（上看下看、左看右看、橫看豎看）都說得通。似此即可藉由拼貼、重疊，打破單一的視覺經驗，挑戰創思「認知」的流暢力，開啟多元（定形、變形）的空間智能。如「鴨兔圖」（刊於十九世紀德國幽默雜誌）：

由右向左看，是兔子的頭部，由左向右看，是鴨子的頭部。經由此圖形的引導，足以激發莘莘學子雙向的觀察力。

大體而言，傳統看圖作文，圖形固定，莘莘學子「被動」看圖。其中「具象類」較重觀察力，「抽象類」較重想像力，最後檢視學子綜合的表達力。反觀非傳統看圖作文，圖形不固定，莘莘學子「主動」看圖。其中「未完成圖形」激化學子空間智能與語文智能連線，展現繪畫性與意義性結合的圖文之美；「可逆圖形」呼喚學子開放、多元的思維，展現圖形拼貼、重疊的趣味，開拓「看」圖的豐富視角，隱隱與後現代藝術接軌。凡此創意路向的圖形設計，正是現今「看圖作文」的新契機，值得有志於作文的創意教師，戮力連袂，再加研發。

看 圖作文的題型㈠

　　看圖作文，常見題型有三：**第一、看圖寫短文。第二、看圖寫詩。第三、看圖寫故事**。看圖寫短文，訴諸連續性思考，注重細節描寫；看圖寫詩，訴諸跳躍性思考，注重情境重構；看圖寫故事，訴諸戲劇性思考，注重情節設計；各有不同的觀察力、想像力與表達力。

　　以左圖為例，首先可以要求莘莘學子寫五十字的短文。如：

　　1.現代人開車只會打開大燈、不會睜開眼睛；只會右踩油門、不會左踩煞車；只會手按喇叭、不會手摸良心。凡事只會刺激反應，不知柔軟謙和，每每鬥氣鬥力，滋事肇禍。（陳劼諡）

　　2.秦朝的明月，迎著漢朝的關口；宋代的銅鏡，映著元朝的木桌；民國的鎂光燈，照著清代的古老廣場；一切充滿時間的滄桑，空間的飄泊，讓人恍惚，讓人錯亂。（筆者）

第一例中，圓形變成「大燈」、「眼睛」，方形變成「油門」、「煞車」。第二例中，圓形變成「明月」、「銅鏡」、「鎂光燈」，方形變成「關口」、「木桌」、「廣場」，各自形

成「先排比，後歸納」的敘述模式。至於議論佳作，可參王建仁〈方與圓〉(《建中90年度文選》，二〇〇一，中央日報)。

其次，可以要求莘莘學子根據此圖，寫一首短詩。如：

1. 床是一座鐘嗎？
   它分割黑夜和白日

   床　在生與死之間
   歡愛　在睡與醒之間

   床和鐘對望
   我躺在時間之上（隱地〈時間之床〉）

2. 陰天時，向日葵的臉
   不知擺向那裡？

   失戀時，國字臉的男孩走在街頭
   不知走向那裡？（筆者）

第一例中，圓形是「鐘」，方形是「床」。經由鏡頭的重疊，體會出床和鐘有一個共同的名字，叫「時間」。第二例中，圓形是「向日葵」，方形是「國字臉的男孩」，指出兩者迷失方向，茫然無主，正是失落情境的對顯。

最後，可以要求莘莘學子根據此圖，寫一個短的故事。如：

1.厚厚的藥袋裡，裝著各式粉嫩色調的三角形小紙包。攤開那整齊的包裝，一錠錠的藥片、一粒粒的膠囊全磨成了粉。和著水讓他服下，那刺激的苦味竟然在他臉上也激不起一絲表情。或許，他的日子真的盡了……。（陳劼諡）

2.圓大和方二兩兄弟，個性不同。圓大為人隨和，凡事不堅持己見。方二有稜有角，凡事一絲不苟。圓大常勸方二：「有容乃大，做人不要太計較，不要太要求。」方二不以為然：「怎麼能不計較，做事要嚴格要求，才會有效率！」圓大接道：「過於講原則，過於方方正正，會讓別人下不了臺。」方二抿著嘴，搖搖頭：「像你處處包容，別人說什麼都好，濫好人一個，結果原地空轉，拿不出成績。」兩人就這樣，你一言，我一語吵將起來。最後，找師父評評理。師父聽了，微微笑道：「你們兩個都對，也都不對！」圓大和方二愣在當場，面面相覷。師父緩緩說道：「做人要和氣，要圓融。做事要平心靜氣，要公平客觀。因此，真正做人的境界，要能外圓內方。做事的最高指導原則，要能理直氣婉。只知委曲求全，是不對的，只知忠言逆耳，也是不對的。須知求全可以不委曲，忠言可以不必逆耳。」兩人點點頭，謝謝師父的開示，互相為自己剛剛講的話賠不是，握手言歡。（筆者）

第一例中，圓形變成「藥片」，方形變成「藥袋」、「包藥的小紙張」，刻劃出服藥自盡的畫面，應該是一個故事的開端或結尾。第二例中，圓形、方形分別擬人化，變成哥哥「圓大」、弟弟「方二」，演繹出一則做人處事的「寓言」故事。

　　綜上所述，可見看圖作文的題型，可以透過不同文類，不同文類特性、不同指標的設計，研發出更具現代感，更具視覺智能挑戰的題型來。

看 圖作文的題型㈡

　　看圖作文的題型，可以是全篇寫作，與文類訓練（散文、詩、小說）相結合；也可以是片段寫作，與描寫訓練（人物、神態、心理、場景）相結合。

　　以今年（2004）大考中心看圖寫作為例，要求莘莘學子「㈠各以五十字左右之文字描寫他們的神情、姿態，㈡各以一、兩句話擬寫他們當下內心之感想。」旨在經由「觀察是否精確」、「想像是否合理」（即題幹「注意」所云：「神情、姿態之描寫，與各自內心之所想，二者之間應相關、呼應，不可風馬牛不相及。」），檢視莘莘學子「描寫是否生動」，測試其「片段寫作」的能力。

在**精確觀察**上，必須掌握人物特徵（形似）。以老人、青蛙姿態、神情而言，分別為：

1. 老人：披頭散髮、蓬首垢面、面黃肌瘦、瘦骨嶙峋、衣不蔽體、敞開胸口、手置背後、佝僂其背、曲身彎腰、赤足踩地、未穿鞋子。

2. 青蛙：昂首挺胸、鼓腹鳴響、伸長後腿、後腿著地、往前騰躍、前腳凌空。

其次，掌握個性特徵（神似），適度加以統整、發揮：

1. 老人：衣衫襤褸、飢不擇食的流浪漢？

   落魄潦倒，游手好閒的遊民？

   另類嬉皮，不守常規的怪胎？

   和光同塵，不拘小節的高人異士？

2. 青蛙：懼怕被抓，閃身逃開？

   捕食蚊蚋，自得其樂？

   不屑來人，縱身離去？

   智慧長者，自有見識？

如此一來，前後連線，由客觀而主觀，由形似而神似，添枝增葉，形成精確觀察，形成情境推衍。

在**合理想像**上，必須確立人與物間的關係。如：

1.主從關係

老人是獵者，青蛙是獵物？

時間（死神）是獵者，老人、青蛙都是獵物？

2.並列關係

老人、青蛙各為主體，獨持偏見？

老人、青蛙同為客體，各有定見？

由此視角出發，經由外聚焦（敘述者）、內聚焦（老人或青蛙）的敘述，統一觀點，塑造情境，展開合情入理的擬想。如：

1.老翁好奇的眼神散發出疑惑的光彩，光芒中夾帶著玩味的興致，眼珠子隨著眼前這隻肥大的蛙兒忽上忽下的轉動著，腳步悄悄的逼近。

蛙兒帶著驚恐的神情匆忙轉身，後頭神秘的腳步聲逼迫蛙兒急促的跳動著，牠正設法跳出這被灼熱氣息盯著的視線範圍，努力撲通往前跳。（謝玉祺）

2.老翁愉悅的笑容夾著戲謔的眼神，一步步緊盯著眼前肥大的獵物。曲弓著的身體加速移動著步伐，得意的笑聲逐漸爽朗起來。

蛙兒調皮的舉止，震得鼓鼓的肚皮鼕鼕作響，捉弄的神情不露痕跡的從一上一下的跳動中散發出來，搭配矯健的身手，忽然一轉眼就跳出重圍。（謝玉祺）

一、二例是「以青蛙為食」的描寫。老人是獵者，青蛙是獵物。至如：

3.老人佝僂的背膀，努力向上挺直，他微笑的臉上滴下斗大汗珠，視線專注地緊抓著青蛙，曲起雙膝，學牠飛躍之前的蓄勢待發。

青蛙鼓起肚子，眼神窺視著背後巨大的動物，不動聲色，冷靜評估，有力的後腿青筋突起，靜謐中滿溢著即將爆發的力量。

老人兀自思索：「古人創五禽戲，教人模仿動物的動作來養生，今天我也來模仿青蛙跳躍，重溫一下年輕時的活潑衝勁。」

青蛙不以為然：「在我背後伺機而動的龐然大物，究竟是何居心？我看我還是謹慎為妙！」（林玟君）

4.老人跛足前行，雙目直溜溜盯著眼前青蛙正輕快跳過，不禁心生羨慕。如果能像青蛙有一雙彈簧腿，自由自在行走，那該有多好？如果能像青蛙，活得簡簡單單，不用那麼複雜，那該有多好？

青蛙回望老人眼，繼續輕盈前跳，跳向池塘邊，尋找今天的食物。（筆者）

三、四例均「以青蛙為師」。唯第三例中，青蛙對老人有所誤會，形成錯覺的戲劇性。

在**生動描寫**上，宜善用動詞，化靜態為動感，帶出律動情境；善用形容詞（配合五種感官經驗），刻劃細節，鋪陳

渲染，帶出逼真氛圍。如：

1.老人凌亂的衣衫、骯髒的黑髮，想必餓了許久；忽有一金蟬跳出，引得他食指大動，噤聲躡足，屏氣凝神，蓄勢攻擊。

金蟬跳出草叢，準備返家，忽覺渾身不自在，有雙眼盯著牠。為了保命，只能冷靜，步步為營，臨危不亂。（楊承翰）

2.老人骨瘦如柴，破爛的衣衫在空氣中散佈著惡臭，骯髒的身體在陽光下更顯得噁心，他眼神中露出兇光，準備慢慢享用這隻青蛙。

大蛙的腳掌印在泥土裡，健壯的後腿肌，使它在草中快速前進，溼滑的皮膚，在陽光反射下閃閃發亮，卻不知自己已大禍臨頭。（李士龍。此二例見王昌煥〈九十三年大學學測國文科作文題解答〉，《明道文藝》三三七期）

第一例中，寫老人見金蟬跳出的反應，從「食指大動，噤聲躡足」至「屏氣凝神，蓄勢攻擊」，即善用動詞，強化節奏，活化老人準備攻擊的神態。第二例中，描寫老人的味道（「在空氣中散佈著惡臭」）、青蛙的觸覺、視覺（「溼滑的皮膚，在陽光反射下閃閃發亮」），即善用形容詞，刻劃細節，讓空泛對象更為鮮明，更為具體生動。

無可置疑，「觀察精確」、「想像合理」、「描寫生動」

正是看圖作文流程的三部曲。而其中的「觀察力」、「想像力」、「表達力」更是看圖作文教學的三大指標，值得深入探究。

圖作文的觀察力

　　看圖作文，是一門注重「看」的「語言藝術」。「看」的層次有二：第一、看到什麼（What），第二、怎麼去看（How）。「看到什麼」，貴於正確掌握「被看」的對象，對象的主從關係；「怎麼去看」，貴於清晰掌握「看」的角度，「看」的先後次序；二者相輔相成，才能形成有層次、有組織的觀照，展現「被動中有主動」、「嚴謹中有舒卷」的書寫世界。

　　在「看到什麼」上，觀察力的指數大抵有二：**第一、重點觀察**，亦即創思「認知」的敏覺力。**第二、整體觀察**，亦即創思「認知」的精進力。以底下兩幅圖為例：

圖1　　　　　　　　　　圖2

看圖作文新智能

　　第一幅圖的重點是「太陽」、「花兒」，整體則包括「小草」、「雲兒」（背景），第二幅圖的重點是「太陽」、「小鳥」、「樹」，整體包括「大地」、「路徑」、「遠方的樹」（背景），因此，第一幅圖若寫成：

　　1.雨後初晴，太陽在天邊露臉了。你看，野地上的小花，也在對著他笑呢！（馬浩翔）

　　2.春天溫暖的氣息，感染了草地上的小花，滿面春風的正和天空中的太陽伯伯笑咪咪打著招呼呢！（馬浩翔）

　　3.太陽替花朵們打敗了寒冷，花朵們感激的對著太陽微笑，太陽也因為感到自己做了一件善事而高興起來。（區宏光）

　　在描寫上均出現瑕疵。因三例均只注意「重點觀察」，而忽略「整體觀察」，漏掉「小草」、「雲兒」，未能進一步仔細觀察。同樣第二幅圖，若寫成：

　　1.小鳥「啾啾」只好用美妙的歌聲，徹底的把太陽公公叫醒。太陽公公很快的睜開眼，高興的向「啾啾」說早安。（吳岱容）

　　2.太陽公公伸出他那光芒萬丈的手，熱情的和鳥兒打著招呼，而鳥兒則是用最美妙的聲音，與太陽公公寒暄著。他們愉快的一同迎接著一天的開始。（謝玉祺）

3.太陽公公看到早起的鳥兒便對牠說：「好伙伴，早起的鳥兒有蟲吃，我們一起來喚醒大地吧！」鳥兒高興的回答說：「我用歌聲，你用熱情，我們一起向大地說聲早安吧！」（謝玉祺）

其中一、二例僅注意「太陽」、「小鳥」，第三例則較為仔細，兼及「大地」。然在觀察力的精進力上，漏掉「樹」（前方和遠方），仍有待改善。

至於在「怎麼去看」上，可以打破一般觀點，從不同視角切入，形成新秩序、新連線、新視野。此等觀察力，即創思「認知」的變通力，隱隱約約，遙指「言人之所罕言，道人之所未道」的獨創力。以第一幅圖為例，可以自「太陽」擬人觀點切入，也可自「花兒」、「小草」、「雲兒」的角度切入。如：

1.我是全世界公認的笑臉王子，我多麼喜歡看著白亮亮的雲、美麗的小花朵、綠油油的鮮草，因為在它們青春亮麗的臉龐上，我看到了自己之所以被公認為笑臉王子的理由！（楊于儂）

2.我是清晨花園中打扮得花枝招展的美嬌娘，美給太陽看，美給白雲看，美給綠草看。太陽還直誇說：「多令人賞心悅目啊！」（筆者）

3.太陽公公和兩位花朵小姐，正進行「微笑持久大

賽」，看誰笑得最燦爛，最魅力四射，旁邊觀看的白雲叔叔和小草弟弟，紛紛鼓掌叫好。（鄧筱君）

於是經由擬人角度切入，「太陽」變成「笑臉王子」（第一例）、「太陽公公」（第三例），花兒變成「美嬌娘」（第二例）、「花朵小姐」（第三例），形成充滿活力的新觀察。以第二幅圖為例，同樣也可以打破「客觀寫實」（外聚焦，不介入）的觀點，自「太陽」、「小鳥」、「樹」、「大地」、「路徑」的擬人角度切入。如：

　　1.太陽公公總是朝氣十足的和大地的生物互道早安。鳥兒用美妙的歌聲，回應太陽公公的熱情，大樹用鮮綠的色彩，回報太陽公公的溫暖，好一幅生機蓬勃的清晨畫面。（謝玉祺）

　　2.小鳥弟弟飛到樹枝上，看到太陽公公，馬上熱情打招呼：「早安！」太陽也笑容燦爛的說：「早！看到你，知道春天又即將到來，真的讓我好高興。」樹伯伯一直望著遠方，小鳥弟弟大聲喊：「早安！」結果樹伯伯不知在忙什麼，好像沒聽到。（曾玉霖）

　　3.大樹哥哥是這裡最盡責的衛兵，永遠雄赳赳氣昂昂。即使太陽再怎麼炎熱，他一定抬頭挺胸，撐出一方綠色天地，讓小鳥前來唱唱歌，休息一下。（筆者）

於是經由「太陽公公」（第一例）、「小鳥弟弟」（第二例）、「大樹哥哥」（第三例）的擬人角度，分別交織出充滿情意的律動世界，正如廣告詞所說的：「換個角度，世界不一樣。」

　　綜上所述，可見看圖作文的觀察力，在「看到什麼」（寫實）的觀察上，注重敏覺力（正確）、精進力（詳盡）；在「怎麼去看」（寫意）的觀察上，注重變通力（新視角）、獨創力（新感性）；正可以與創思「認知」的指標相結合，開拓「看」圖作文的進徑，釐清觀察力的不同向度，值得斟酌。

看 圖作文的思考力

　　看圖作文，是「動動腦」、「動動手」的統整活動。在「動動腦」上，既重左腦的抽象思維（邏輯思維、理則思考），又重右腦的形象思維（類比思維、想像思考），二者相輔相成，磨合轉化，創造出脈絡清晰、合情入理的語言藝術之花。

　　在左腦的思考上，可以藉由「分析性」（分析特徵）、「比較性」（比較異同）的認知，「演繹性」（推論關係）、「歸納性」（統攝概念）、「衍生性」（衍生新意涵）的不同進路，開展出「感性中見知性」、「主觀中見客觀」的理則世界。以下圖為例，

看圖作文新智能

　　第一、運用「分析性」思考，辨知圖中「彩虹」是「雨後日光，穿過空中水氣，因日光經過兩次折射，在空中形成彩色的大圓弧」的現象。於是基於物理知識，可以寫道：

　　1.下過雨的天空，烏雲散去，遠遠的天邊出現一道彎彎的彩虹，在白雲的陪伴下，更顯得十分亮麗。（楊巧敏）
　　2.雨過天晴，天空一片明淨。遠遠地平線上，出現一道美麗的彩虹，鑲著紫色、紅色的光環，配著藍天白雲，真是美麗！（筆者）

力求客觀分析，正確解讀。
　　第二、運用「比較性」思考，針對「彩虹」和「雲朵」造型，可以明顯看出其間差異，加以發揮。如：

　　1.天空中的雲朵，有兩張臉。一張是下雨前的大黑臉，心事重重；一張是下雨後乾乾淨淨的臉，神情愉快。至於彩虹妹妹，永遠是張亮麗的笑臉，永遠在雨後的陽光中才出現。（筆者）
　　2.雨後的天空，彩虹是一支特大號的七彩吸管，伸向平原與大海。白雲是吸管旁的紙巾，擦拭溢出的水珠。（筆者）

分別透過擬人（第一例）、比喻（第二例），辨析兩者在顏

色、形狀上的差異。

第三、運用「演繹性」思考，化物理世界，為情意世界；化並列關係，為因果關係。如：

1.頑皮的白雲不小心將灰色的顏料打翻了，把天空搞得一片髒亂，嚇得他趕緊用七彩的油漆重新粉刷過一次。結果整個天空像新裝潢似的，比原來的漂亮。他不禁自鳴得意道：「我太佩服我自己了！」（區宏光）

2.下雨了，濕答答的天氣，透明小天使哪兒也不想去，因為濕氣重，飛也飛不高，所以她靜靜地聽著雨聲，但是雨聲中摻雜了風鳴雷響，所以向天國之王借了一個七彩耳機，想要隔絕外在的雜音，好好享受純淨的淅瀝淅瀝聲。正當她將七彩耳機戴在頭上時，卻聽不見雨聲了。她氣惱想著：「爸爸真是的，借了一個壞掉的耳機給我！」（楊于儂）

通過擬人（第一例「白雲」）、擬物（第一例「七彩的油漆」、第二例「七彩耳機」），環環相扣，推衍出童話式的想像天地。

第四、運用「歸納性」思考，從分散中尋求整合，從個別中尋找共通點。如：

1.大自然的脾氣變化莫測。一會兒烏雲密佈，下起滂沱大雨；一會兒太陽露臉，天邊出現美麗的彩虹。像他這樣陰

陽怪氣，真的很難相處。（筆者）

　　2.天空的喜怒哀樂，都寫在臉上。出現彩虹，是喜。閃電打雷，是怒。烏雲下雨，是哀。晴空萬里，是樂。希望天空常常保持喜樂的笑臉，而不要愁眉苦臉，讓人看了難過。（陳靜雯）

經過整合、共通，歸納出「烏雲」、「彩虹」均為大自然環境的變化。於是經由擬人（第一例）、比喻（第二例），圖中景象分別統攝在「大自然的脾氣」（第一例）、「天空的臉」（第二例）裡，形成「總、分、總」的清晰脈絡。

　　第五、運用「衍生性」思考，根據具象圖形（實），向抽象的意涵（虛）延伸。於是，由景可以生情，由事可以生理，展開更深入的思維。如：

　　1.有天昏地暗，才會有天朗氣清；有傾盆大雨，才會有美麗的彩虹。就像有分離的悲傷，才會有重逢的喜悅；有含淚的播種，才會有歡笑的收割。（筆者）

　　2.吵架的雲朵情侶各執一詞，誰也不讓誰，最後當場嚎啕大哭了起來。這一哭，驚醒了午睡中的太陽神，在太陽神苦口婆心的調停之下，他們終於言歸於好，並答應太陽神，他們以後會在之間搭一座理性的色彩橋，透過心平氣和的溝通來化解所遭遇到的難題。（楊于儂）

第一例為情境的衍生，通過類比聯想，由景而情（「分離的悲傷」、「重逢的喜悅」），由景而理（「含淚的播種」、「歡笑的收割」），提出深層的寓義。第二例為情節的衍生，通過擬人（雲朵情侶、太陽神），經由爭執與調停，提出「溝通」的解決之道。具象的彩虹，一躍而為「理性的色彩橋」，讓彩虹圖象衍生出「理性」、「溝通」的喻義。

綜上所述，可見看圖作文的思考力，可藉由左腦「分析性」、「比較性」、「演繹性」、「歸納性」、「衍生性」的抽象思維，循序漸進，由淺入深；再加上右腦的形象思維（比喻、擬人、擬物），讓描寫更生動，敘述更活潑。如此一來，左右開弓，相得益彰；心手合一，密切配合；便能寫出既嚴謹又靈動、既清晰又高妙的佳作。

看圖作文的想像力

　　看圖作文的想像力，始於接近聯想、相似聯想，為相對聯想，繼而相反聯想，終而變形聯想；步步進階，層層開展，充分發揮「存中生有」的創意能量，綻放出瑰奇豐贍的想像魅力。

　　所謂接近、相似聯想，即右腦「相關性」思考，以近距、等同為主；相對聯想，即「擴展性」、「縮小性」思考，以圖形的擴大、縮小為主；相反聯想，即「逆向性」思考，以反思、異向為主；至於變形聯想，即「重組性」思考，以調整、改易為主；依次上推，在在呈現不同的想像級數。

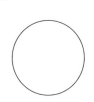

　　以左圖為例，**第一，運用「相關性」思考**，可以想成「刮鬍刀」（電動式）、「化妝海綿」、「大眼睛」等。如：

　　1.圓，是爸爸的刮鬍刀，打開開關就開始轉轉轉。嘴邊刮一刮，下巴刮一刮，不論刮到哪裡都是繞圓圈，把爸爸的臉頰刮得清潔溜溜，一根鬍子也不剩。

　　2.圓，是媽媽的化妝海綿，右邊抹三圈，左邊抹三圈，不論抹到哪兒，都是圓。把媽媽的臉抹得光滑亮麗，上起妝來更美麗。

　　3.圓，是弟弟的甜甜圈，他把它當成方向盤，這裡轉一下，那裡轉一下，不論怎麼玩，都是圓。玩夠了，再大口咬下去，這個圓就變得奇形怪狀了，真好玩。

　　4.圓，是我那對圓圓的、像洋娃娃的大眼睛，好像閃亮耀眼的寶石。亮晶晶的黑眼珠，轉來轉去，好像天上的星星，更像黑又亮的小圓球，轉到哪裡，都是圓。（臺北市西松國小二年十四班王婷慧）

　　四段均運用接近、相似聯想，展開由點至線的銜接敘述。第一段由電動「刮鬍刀」至刮鬍刀的動作「轉轉轉」、「繞圈子」，第二段由「化妝海綿」至抹的方式「右邊抹三圈，左邊抹三圈」，第三段由「甜甜圈」至當玩具的「方向盤」（此亦「取代性」思考），第四段由洋娃娃「大眼睛」至「寶石」、「黑眼珠」至「寶石」、「小圓球」的比喻連用，無不讓整段敘述，既活潑又嚴謹。

　　第二，運用「**擴展性**」思考，可以想成「地球」、「湖」，運用「**縮小性**」思考，可以想成「鈕釦」、「露珠」。如：

　　1.圓，是我們共用的「地球」，每天都在轉，怎麼轉也都是圓，我們卻從來不被轉得頭昏眼花、迷失方向，因為我們都住在這個大圓裡。（王婷慧）

　　2.圓，是波光萬頃的湖，是大地的眼睛，每天注視著周

邊柳枝的青綠、花朵的紅艷、飛鳥掠過的身影，更注視著太陽的熱力四射，白雲的千變萬化，晚霞的絢爛瑰麗，月亮的安詳明靜，從早到晚，讀著天空各種不同的表情。（筆者）

3.圓，是一顆顆鈕釦，釦在衣服上，釦在袖口上，釦在心頭上。每顆鈕釦都是媽媽的愛心，細細的用針線縫上；縫上媽媽對遠方遊子的牽掛，縫上媽媽對遠方遊子的思念。（筆者）

4.圓，是晨曦的露珠，在荷葉上打滾，滾來滾去，快樂活潑。每一顆晶瑩透明，每一顆閃著陽光耀眼的七彩。對著朗朗天空，對著盈盈池塘，每顆露珠都展開笑靨，充滿自信的說：「我們是『小而真』、『小而美』呀！」（筆者）

四段均運用相對的聯想，在形體上加以擴展或縮小。尤其第二例，由圓至「湖」，再至「眼睛」，是先擴大，再縮小，形成不同的視角，不同比喻的開展。至於第三段，由圓至「鈕釦」，再至「愛心」，是先縮小，再衍生（左腦「衍生性」思考），形成由具體至抽象的深層引申。

第三，運用「逆向性」思考，可以提出相反的想法，提出負面的見解（即黑色思考帽）。如：

1.圓，是一種緣。當個男生含情脈脈，對一個心儀的女生說：「我對妳的愛，像圓一樣，沒有終點。」結果，對方冷冷答道：「很抱歉！我對你的愛，像圓一樣，沒有起點！」

則表示這樣的緣，只是一種絕緣，只能唱唱獨角戲，而不是互相投緣，琴瑟合鳴。（筆者）

2.圓，是搞怪的小精靈。被嚇到的眼睛，都睜得圓圓的；被氣到不行的嘴巴，都嘟得圓滾滾的；被食物塞爆的兩頰，都撐得圓鼓鼓的，給人留下不好的印象。（筆者）

兩段均運用相反的聯想，第一例中，對圓的正向思維（無窮盡的循環、開放的思念、飽滿的熱情、融洽的象徵），提出相反解釋（自足的寧靜、不假外求的平和、不受干擾的防衛）。於是「沒有終點」的圓，變成「沒有起點」。同樣，第二例中，原本給人舒服、快樂、滿足的「圓形」印象，在特殊情境中變成不舒服、不快樂、想吐的感受。而這樣思考，無疑是對圓形的一大反諷。

第四，運用「重組性」思考，可以改變圖形、改變特性，重新組合，展開新的想像。如：

如果房子是圓的，我們隨時都可以搬家，房子就像一部圓汽車，可以到處滾動，帶我們去見識一下別的地方。但是颱風下雨時，房子就會滾來滾去的，人和家具都會顛倒，那樣就很麻煩了。如果我們的腳是圓形的，上學就不需父母用車子接送，可以像溜冰一樣溜到學校去，既可以運動，又可以很快的到學校。用圓形可以變出各種不同的花樣，十個圓形可畫出一朵花，五個圓形可畫出一個人臉，八個圓形可變

成一隻豬。圓的變化可真多啊！（陳立立〈圓的聯想〉，見陳黎、張芬齡《立立狂想曲》）

經由變形的聯想，房子如果是圓的，房子就可以當汽車。腳如果是圓的，上學像溜冰。當然，由此開展下去，手也可以是圓的，教室也可以是圓的，黑板也可以是圓的，粉筆也可以是圓的，板擦也可以是圓的……，再加上「五個圓形可畫出一個人的臉」，那將是圓形的「美麗新世界」。似此光怪陸離的創意想像，其實正與修辭中的「示現」懸想接軌。

　　大體而言，看圖作文的「合理想像」，自有其不同的思維脈絡。「相關性」思考（包括「取代性思考」），訴諸近距原則；「擴展性」、「縮小性」思考，訴諸遠距原則；「逆向性」、「重組性」思考，訴諸變異原則。若能充分掌握以上各種想像力，綜合運用，靈妙銜接，必能開拓魅力四射、教人嘖嘖稱奇的想像新「視」界。

看圖作文的表達力

看圖作文是「有看法」（眼到）、「有想法」（心到）、「有方法」（手到）的綜合訓練。在表達力的方法上，可依正確性、細緻性、活潑性、豐富性的指標，循序漸進，日臻佳境；充分展現「限制中有自由」、「統一中有變化」、「知性中有感性」的書寫品質。

在**正確性**上，始於解讀的正確，終於書寫的正確。以下圖為例。如：

1.青蛙唱著舒緩的催眠曲，月亮不知不覺地也打起哈欠，跟著萬物一起進入了夢鄉。

看圖作文新智能

2.月亮小姐正閉上眼，陶醉在美妙的歌聲中，享受著青蛙先生所舉辦的音樂饗宴。

3.月亮在空中散發明亮的光輝，害小青蛙無法入眠，只好孤單的唱著歌。

4.小青蛙快樂的哼著催眠曲，哄叫月亮進入甜美的夢鄉。

第一、二例均出現解讀上的缺失。忘了「月亮」旁邊還有「星星」，沒有完全把握天空的景觀。第三、四例則出現書寫上的缺失。第三例由於主詞是「月亮」，整個句子讀下來，變成月亮「只好孤單的唱著歌」。因此，為求語意的清晰，在「只好孤單的唱著歌」前宜加上「小青蛙」三個字，避免造成誤解。至於第四例中，「哄叫」兩個字不妥。因為小青蛙是「哼著」催眠曲，底下接「哄著」的動作即可，不必再蛇足，加上「叫」的動詞。

在**細緻性**上，始於觀察入微，捕捉細節；終於刻劃入微，塑造氣氛。以此圖為例，應該注意圖下方的「蓮葉」、「荷葉」、「草叢」、「漣漪」、「遠山」。如：

1.夜空繁星點點，在皎潔的月光照耀下，後山坡旁的湖中，有隻青蛙站在荷葉上，正歌頌今夜景色真美麗。（曾玉霖）

2.充滿星光的夜空中，一彎新月正靜靜傾聽湖中青蛙輕

唱的晚安曲，晚風徐來，連水邊的花草都陶醉在其中。（鄧
筱君）

3.夏天的晚上，天邊掛著一眉新月，還有幾點寒星陪伴
在月娘的身邊，讓夏夜的天空，絲毫不寂寞。此刻池塘裡的
牛蛙，正演奏著屬於夏夜的禮讚曲，讓荷葉田田的水池也絲
毫不寂寞。（馬浩翔）

4.星光燦爛，月亮闔上眼，準備休息。然而山邊的池塘
裡正熱鬧著呢！水面波光蕩漾，蓮葉上的青蛙引吭高歌，連
水邊花草都不睡覺，靜靜聆聽。（筆者）

四段短文中，第一例較為概括、簡述，後三例較為細膩、詳
盡。由於第一例的敘述，由上而下，點到為止；反觀後三例
的描寫，由上而下，由左而右，詳加刻劃。第二例兼及「晚
風」（與「漣漪」相關）、「花草」，第三例兼及「荷葉」，以
及整體氣氛（「夏夜的天空，絲毫不寂寞」、「水池也絲毫不
寂寞」），第四例兼及「波光」、「蓮葉」、「花草」，於是在
筆法的描繪上，更見細緻性。

在**活潑性**上，力求觀察白描之餘，能進而化平面為立
體，化靜態為動態，化形似為神似，積極介入修辭技巧。
如：

1.大自然真是藝術的殿堂！夜空中的眾星拱月，是幅安
詳和諧的風景畫；荷葉上的鳴唱青蛙，是功力深厚的聲樂

家，站立在水邊的青草和花兒是最佳觀眾。（楊于儂）

2.月兒高掛天空，如綢緞般的黑夜，繁星點點，星星一眨一眨，好像閃爍的眼睛。水池的青蛙見到這般美景，不禁高聲歡唱，唱出最嘹亮的「歡樂頌」（筆者）

3.太陽先生下班去，輪到月亮姑娘守夜班，眾星星們來陪伴。噓！在這萬籟俱寂的夜空下，青蛙朋友忍不住出來高歌一曲，加入陪伴的行列。（陳靜雯）

4.夏天的夜晚，小青蛙吃得飽飽的，高興的唱起歌。月亮阿姨也舒服的闔著眼，欣賞青蛙低沉可愛的嗓音。星星是這場夏日音樂會的燈光師，一閃一閃，增添浪漫的氣氛。（林海泠）

前兩例善用比喻，後兩例善用擬人，塑造生動情境。第一例中，以「風景畫」喻「眾星拱月」，以「聲樂家」喻「青蛙」，以「觀眾」喻「青草」、「花兒」，刻劃出一個視覺與聽覺交加的藝術饗宴。第二例中，以「綢緞」喻「黑夜」、以「閃爍的眼睛」喻「星星」，形象點染，讓整個畫面更加熱絡、可愛。第三例分別將「太陽」、「月亮」、「星星」、「青蛙」擬人，建構出「月亮」值夜班時的溫馨情境。第四例分別將「小青蛙」、「月亮」擬人，將「星星」暗喻（若寫成「星星燈光師」則是擬人），建構出音樂會的浪漫世界。凡此比喻、擬人技法，在在使整段行文更為活潑，更為出色。

在**豐富性**上，力求敘述的變化，解讀的變化。讓一覽無遺的畫面，多了轉折的趣味；讓純粹寫景的鏡頭，兜出深層的內蘊。如：

1.一野星空，簇擁著美夢正甜的小月牙兒。微彎的嘴角，漾出每個小孩的金色童年，就在夏夜沼澤中傳來的陣陣鼓聲裡。鼓聲？哪兒來的鼓聲？因為，荷葉上的青蛙自己失眠了，卻還是在搖曳的狗尾草身旁，「咯咯咯」著帶有節奏的安眠曲，引導著孩子們一步一步踏進夢的國度。（楊于儂）

2.青蛙正高高興興「呱！呱！呱」的唱著歌，因為他的女朋友終於答應他的求婚囉！可是青蛙先生可能忘記了，現在可是大地休息的時間，大家都靜靜的沉睡著，連月亮的臉上都掛著滿足的笑容。（陳翠嬬）

3.安靜的夜晚，就連幫旅人照著回家的路的月亮也疲倦的睡去了。整個世界是寂靜無聲的，好安詳，可是有點可怕！好心的青蛙在荷葉上唱著歌，希望他的歌聲能讓旅人有安心的感覺，不會感到孤單和寂寞。（陳翠嬬）

4.恬淡的幸福是不是就像這樣，就算只是靜靜的看著天空，欣賞著不圓滿的月亮，祈求著圓滿的生命；就算只是坐在池塘邊，聽著青蛙沒人懂的語言，感受有被懂得的快樂。（李皇樺）

第一例注重敘述的變化。經由「鼓聲」的錯覺，揭示，帶出「失眠青蛙」的善盡職守，讓小朋友的金色童年，充滿美好的記憶。第二例注重解讀的變化，從「環保噪音」的角度加以考量，希望青蛙春風得意（「女朋友終於答應他的求婚」），可不能得意忘形，打擾深夜作息的安寧。第三例提出「世事難料」的隱憂（「好安詳，可是有點可怕」），而後語意翻轉，發揮「同情心，同理心」，指出蛙鳴的積極作用，讓孤單的旅人不孤單，寂寞的旅人不寂寞。第四例提出「情景交融」的體會，經由眼前和平安詳的情境，領略生命的奧義（「天何言哉？四時行焉，百物生焉」）、感通的深味（「自歌自舞自開懷」），正是由景生情，再由感性中兜出悟性。似此解讀，正訴諸圖形（文本）的豐富性，召喚出豐富的解讀。

　　綜上觀之，看圖作文的表達力，立基於「正確性」，進階於「細緻性」、「活潑性」、「豐富性」。針對於中年級，宜重「細緻性」、「活潑性」；高年級，宜兼及「豐富性」，提升表達力的水準，凡此不同指標的釐清，有助於看圖作文的教學評量，值得注意。

圖造句的觀察力㈠

　　看圖造句，始於高度的觀察力。高度觀察力的層次有二：**第一、重點觀察**。聚焦圖形核心，掌握主體訊息，力求正確性。**第二、整體觀察**。聚焦圖形核心與周邊的相關性，充分掌握主體與整體的關係，力求一致性、協調性。

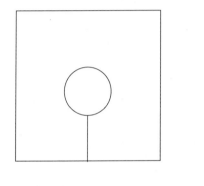

　　以上圖為例，**第一、重點觀察**，即鎖定圖中的「圓形直線」物。因此，面對「圓形直線」物的聯想，必須要求確實相似，可以是：站牌、節拍器、溜溜球、棒棒糖、放大鏡、路燈、蒲公英、圓仔花、向日葵、糖葫蘆、撈魚紙網、鍋子、火圈、圓頭針……等。如：

　　1.透過公車車窗，我望見一個無站名的站牌。（蔡蕙如）

2.節拍器努力勤奮的打準節拍左右搖擺，答答答答……（陳蕾玲）

3.弟弟很會玩溜溜球，可以作很多不同的變化喔！（沈盈吟）

4.我已經很拚命的幫棒棒糖瘦身了，可是為什麼它還是瘦不下來呢？（呂宜樺）

5.爺爺看不清報紙上的字，所以我送他一個放大鏡。（李凱平）

6.路燈照亮了街道，也為每個返家的路人帶來溫暖。（陳雅芳）

7.窗戶邊，蒲公英的棉絮都被風吹得一根不剩了。（蔡蕙如）

8.圓仔花不論外在環境多麼惡劣，依舊站在窗外，露出笑臉。（崔瑋珊）

9.種在盆栽裡的向日葵，花瓣被頑皮的小孩給拔掉了。（謝玉淇）

10.以前到夜市都會吵著要的糖葫蘆，現在越來越少見了。（陳奕翔）

11.夜市裡，小朋友正高興的撈著魚，只要撈魚的紙網一浸水，沒幾下就壞了。（郭俊尉）

12.媽媽的鍋鏟，正鏗鏘鏗鏘的不停翻動鍋子內的食物，相信等一下可以大快朵頤了。（郭俊尉）

13.馬戲團裡，獅子即將要跳火圈了，大家都屏息以

待。（李庭欣）

14.只要用圓頭針在瞬間膠的口戳一個小洞，就可以使用啦！（筆者）

當然，也可以將「圓形直線」物，看成「圓形」和「直線」兩個物體的組合。如：

1.爸爸把高爾夫球放在球座上，練習揮擊。（林坤賢）

2.我拿著圓形橡皮擦把鉛筆畫的直線擦掉。（蔡蕙如）

3.烤肉時，我最喜歡用長長的竹籤叉起一顆丸子來吃。（沈盈吟）

4.這西瓜好難切喔！刀子卡在西瓜裡拔不出來了啦！（呂宜樺）

5.燈光太暗了，你去拉一下那條繩子，切換成亮一點的燈光。（呂宜樺）

6.爸爸帶我去看特技表演，印象最深的就是有人拿著一根長竹竿轉盤子，讓我看得目不轉睛呢！（呂宜樺）

7.畫家用一根棍子撐起地球，科學家用槓桿撐起地球。（鍾芳庭）

8.妹妹不小心把草莓夾心餅乾掉到地上，所以餅乾就出現了一道裂縫。（楊淑茜）

9.手指指著窗外的月亮，彷彿可以把月亮舉起來似的。

（謝玉淇）

10.客廳長桌上放了圓形的茶具和桿麵棍。（曾玉霖）

11.斷線的氣球獨自飄飛，你要往哪裡去呢？能不能幫我帶一句話，給在天國的媽媽？（蔡依婷）

12.分手時你所說的話，像拔不出的刺，插在我心上。（陳雅芳）

13.這個庭院荒廢很久，小徑盡頭的圓形游泳池根本沒水。（筆者）

其中「圓形」和「直線」的構圖，可以是「高爾夫球」「球座」、「橡皮擦」「直線」、「丸子」「竹籤叉」、「西瓜」「刀子」、「燈」「繩子」、「盤子」「長竹竿」、「地球」「棍子」、「地球」「槓桿」、「草莓夾心餅乾」「裂縫」、「月亮」「手指」、「茶具」「桿麵棍」、「氣球」「斷線」、「心」「刺」、「游泳池」「小徑」的相關搭配，無不自主體圖形的相似度上出發，力求正確無誤。

第二、整體觀察，就一致性而言，即掌握整個圖形的圖示（整個看起來像什麼）；就協調性而言，即考量部分和全體的關係（彼此的搭配、組合）。以此圖為例，整個看起來，可以是「磁片」、「枷鎖」、「虎頭鍘」、「削鉛筆機」（從側面看）、「摸彩箱」（從上面看）、「坦克車」（從上面看下來）、「大熊屁股」（從背後看）、「大掛鐘」（倒過來看）……等。如：

1.我把報告存在3.5磁片中，這張磁片是我完成報告的最佳武器。（林欣怡）

2.獄卒替犯人套上枷鎖，準備帶到刑場。（蕭若玫）

3.包公的虎頭鍘，專鍘不忠不義的亂臣賊子。（筆者）

4.摸彩用的箱子摔到地上，裂開了。（林桂棻）

5.削鉛筆機方便了寫字的人，也減低了父母為子女削鉛筆的危險。（張友淨）

6.哇！好酷的坦克車啊！真希望我也能開開看。（林家宇）

7.大熊夾著牠毛茸茸的尾巴背著對我們。（沈盈吟）

8.城堡牆上古老的大掛鐘，獨自鐘擺在一片死寂中。（楊于儂）

即自一致性上著眼。至於彼此的搭配、組合，則須考量「圓形直線」體和「方形」框的關係，或「圓形」、「直線」、「方形」三者的關係。在「圓形直線」體和「方形」框的解讀上，可以是「棒棒糖」和「櫥窗」、「蒲公英」和「生日卡」、「廣告氣球」和「窗戶」、「長柄抹布」和「窗戶」、「一朵花」和「整片綠葉」、空中之「家」和「天空」、「王媽媽」和「窗口」、「放大鏡」和「缺點」……等。如：

1.櫥窗裡的棒棒糖看起來好好吃的樣子。（蕭若玫）

2.同學送我的生日卡片上有一朵毛掉光的蒲公英。（施奕如）

3.從窗戶往外看，有一個好大的廣告氣球迎風飄揚。（蔡妮君）

4.洗窗工人用長柄抹布清洗充滿灰塵的窗戶。（蔡蕙如）

5.一朵花少了整片綠葉陪襯，總是看起來孤寂、單薄。（翁雪芳）

6.未來我們的家都在天空中，景觀好，又不怕水災，又不怕空間不夠。（黃秀娟）

7.是誰走過我的窗口？快過去看看，原來是隔壁的王媽媽下班了。（吳岱容）

8.因為妹妹太矮了，櫃檯阿姨只有看到一顆氣球，卻不知道是誰要點餐。（蔡蕙如）

9.不要老是拿放大鏡看別人的缺點。（陳靜雯）

其中第六例是「明日世界」「科幻世代」的懸想。第七例乍看之下，似乎不是那麼貼切，但經由視線阻擋的揭示，經由實境的還原，遂能別具隻眼，形成活潑逗趣的敘述。第八例亦經由視角的遮蔽，藉由視覺盲點，形成趣味橫生的剖析敘述。可參五十九頁的兩幅圖。

而第九例將抽象的「缺點」具象化（方形），另闢蹊徑，寫出簡要的格言警句。至於在「圓形」、「直線」、「方

形」的解讀上，可以是「洞」、「拖痕」、「圍牆」，「籃框」、「一排人」、「球場」，「月亮」、「竹竿」、「曬衣場」，「太空梭」、「X光」、「監牢」，「鑰匙孔」、「鑰匙」、「心房」，「白球」、「球桿」、「人生戰場」，……等。如：

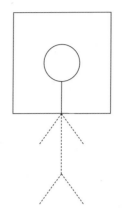

1.他好奇的把手伸入巨人花園圍牆上的洞裡，結果一把被巨人拖進，留下一道拖痕。（許菁芳）

2.球場上，大伙排成一線，對著籃框訴說自己的夢想。（筆者）

3.從曬衣場望出去，月亮好像踩在竹竿上跳舞。（筆者）

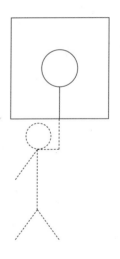

4.困在裡面的太空梭，正在用X光，企圖破壞堅固的監牢。（陳翠嬌）

5.沈默的鑰匙孔，看到符合的鑰匙，才願意發出聲音，打開心房。（蔡依婷）

6.在人生戰場上，他拿起球桿，撞出「運氣」的小白球，希望能滾向成功的球袋。（筆者）

無不在合理情境中，兼及三者間的協調性。其中第五例，將
「鑰匙孔」擬人，將常用的「門」變成「心房」；第六例將
抽象概念「希望」擬物（小白球），將常見的「球檯」變成
「人生戰場」，由實入虛，造境生動，值得取法。質實而言，
看圖造句，除了注重具體圖象的觀察外，更應由具象而抽
象，游動於虛實之間，展開深度觀察，綻放更鮮活更精湛的
文字火花。

圖造句的觀察力㈡

看圖造句，首重觀察。經由圖形的觀察、辨識、認知、理解、整合、演繹，而後發揮想像，心想「句」成。事實上，只有透過仔細觀察，清晰解讀，才能在「用眼看」的基礎上，展開「用心想」的推衍，建構充滿活力的文字世界。

以四幅圖為例，其中圓形、三角形的大小，以及兩者間的位置、關係，即有不同的觀察，不同的考量。第一幅圖造句，宜注意圓形在三角形左上方。如：

1.

2.

3.

4.

教　學　篇

題　型　篇

1.月亮爬上尖尖的屋頂,看起來好漂亮,下次我也要叫爸爸帶我爬上去,這樣我看起來也會很漂亮。

2.今天小潔生日請大家吃了蛋糕和我最愛的葡萄汁。

3.弟弟是貪吃鬼,張大嘴巴就要吃我的御飯糰。

4.我們的籃球快要撞倒路邊的路障了!

5.媽媽說如果車子拋錨就要打車尾燈,還要在後面放一個紅色的三角形標誌,讓別人都知道,這樣才不會發生危險。(一至五例林宜慧)

6.勤勞的太陽公公,總是努力的往山頂上爬。

7.山邊的月亮,在山形的襯托下,總是顯得特別圓。

8.擺在三角架旁邊的小鑼鼓,真像個大月餅。

9.放在三角板旁邊的硬幣,感覺縮水了。

10.那個小孩子差一點點,就用圈圈套中第一特獎的禮物了。

11.那個三角鐵柱,差點就要把氣球刺破了。(六至十一例謝玉祺)

圓形分別是「月亮」、「蛋糕」、「張大嘴巴」、「籃球」、「車尾燈」、「太陽公公」、「小鑼鼓」、「硬幣」、「圈圈」、「氣球」,三角形分別是「屋頂」、「葡萄汁」杯子、「御飯糰」、「路障」、「三角形標誌」、「山頂」、「山邊」、「三角架」、「三角板」、「第一特獎禮物」、「三角鐵柱」,組合成視覺經驗中的場景。

第二幅圖造句，必須注意小圓形在三角形下方。如：

1.山洞內的雨珠，沿著鐘乳石的尖錐，慢慢滴下。

2.她想在三角形耳環下，再加個小圓環，看起來會更活潑。

3.乘著滑翔翼，在天空飛行，最後緩緩向圓形的目標區降落。

4.中餐只有粽子和肉丸，大家多多包涵。

5.把內褲放在櫃子，裡面順便放樟腦丸。

6.早餐吃全麥有機的三明治和蕃茄，既養生又美顏。

7.敵軍正以三角形陣勢，攻打我方前線的圓墩據點。

8.他一不小心，居然讓甜筒上的冰淇淋掉出來。

9.三角形的新型衣領上，再配戴顆珍珠，保證讓你成為全場注目的焦點。

10.他竟然用尖鐵錐，在石壁上敲出個小洞，讓陽光射進來。

11.這片原始樹林，從上空看，竟然是按三角形、圓形的方式排列，好像是來自大地的驚嘆號。（一至十一例筆者）

三角形分別為「鐘乳石尖錐」、「三角形耳環」、「滑翔翼」、「粽子」、「內褲」、「三明治」、「三角形陣勢」、「甜筒」、「新型衣領」、「尖鐵錐」、「驚嘆號」上部，圓形

分別為「雨珠」、「小圓環」、「圓形目標區」、「肉丸」、「樟腦丸」、「蕃茄」、「圓墩」、「冰淇淋」、「珍珠」、「小洞」、「驚嘆號」下部，構成「出人意外，入人意中」的想像世界。

第三幅造句，務必注意圓形在三角形正上方。如：

1.滿月的時候，獸性大發的野狼對著月亮咆哮。（黃筱雯）

2.抵達山頂的太陽，再過一下下就可以玩溜滑梯，往山腳下溜去了。

3.由於劇烈的跳動，小丑帽子上的紅珠珠掉了。

4.這個晴天娃娃的頭與身體，被調皮的小孩弄分離了。（二至四例謝玉祺）

5.姊姊穿了一件高貴的晚禮服，卻忘了戴上那一雙典雅的長手套。（馬浩翔）

6.可愛的海狗，把球頂在鼻子玩弄，真是靈活極了。（楊巧敏）

7.烈日當空，我們揚起風帆，往外海前進。

8.透過望遠鏡，天邊一座座的金字塔歷歷在目。

9.農夫戴著斗笠，坐在屋頂上閒話家常。

10.你能夠把輪胎放在三角鐵上嗎？

11.外星人巨大的三角形艦隊，正逼近地球。（六至十一例筆者）

圓形分別為「滿月」、「太陽」、「紅珠珠」、「頭」、「姊姊」的臉、「球」、「烈日」、「望遠鏡」、「斗笠」、「輪胎」、「地球」，三角形分別為「野狼」（從背部來看蹲著的樣子）、「山頂」、「小丑帽子」、娃娃「身體」、「晚禮服」、海狗「鼻子」、「風帆」、「金字塔」、「屋頂」、「三角鐵」、「三角形艦隊」，形成不同向度的聯想（接近、相似、相對）輻射。

第四幅造句，圓形在三角形右上方，必須看出兩者間的關係。如：

1.三角板可以用來畫三角形；如果忘了帶圓規，可以用十元硬幣來代替。

2.小明上課常常頭低低的，不是用功唸書，而是在打瞌睡。（一至二例陳奕翔）

3.投手投出的外角球，竟然砸到看板上的旗子。

4.丟出去的飛盤竟然打到斜放在牆角的雨傘。

5.那晚風浪太大，船帆不但被吹歪了，連救生圈也掉到海裡。

6.弟弟拿月餅給在草地上覓食的紅臉鴨吃，但牠扁著嘴，一點都不理。

7.電風扇開得太強，把高帽都吹翻了。

8.他射的飛鏢失去準頭，沒有命中牆上圓靶。

9.整座積木往左一偏，上面的氣球滾下來了。

10.將汽艇稍稍往左，就可避開魚雷的攻擊。（三至十例筆者）

圓形分別為「圓規」、「頭」、「球」、「飛盤」、「救生圈」、「月餅」、「電風扇」、「圓靶」、「氣球」、「魚雷」（從正面看），三角形分別為「三角板」、「旗子」、「雨傘」、「船帆」、鴨子「嘴」、「高帽」、「飛鏢」、「積木」、「汽艇」。其中三角形放得不正，歪歪斜斜的，應是兩個圖形「關係」（先後、因果）觀察的重點，有別於前面三幅圖。

至於收關圖形「關係」的觀察重點有二：**第一、部分和部分的關係。**如果圓形是「錶面」、「時鐘」，三角形是「小丑的帽子」，兩者間會發生什麼相關變化。如：「看看錶面，小丑戴好帽子準備出場表演」、「小丑的錶面和帽子底下，都有特別機關設計」、「小丑戴上帽子，把自己的臉畫成像一座時鐘」、「突然時鐘變成月亮，小丑消失不見，只剩一頂帽子在現場」……等。**第二、部分和全體的關係。**從加法來看，圓形是「頭」、三角形是「身體」，可以變成：「小和尚低著頭，聽師父講經」、「他低著頭打瞌睡，最後被老師發現」、「他低著頭走路，一不小心撞到電線桿」、「越成熟的稻穗，身體彎得越低」……等。從減法來看，圓形則是「眼睛」，三角形則是「鼻子」。如：「他的右眼在槍戰中受傷」、「島上的巨臉石雕，全都只有一隻眼和一個超大的

鼻子」、「他閉上右眼，打呼聲慢慢從鼻子響起」、「他戴上眼罩，把自己打扮成獨眼龍的大鼻子海盜，真是酷斃了」……等。如此一來，掌握圖形結構，充分運用縝密的觀察，相信必能在「視覺空間智能」中綻放靈活瑰麗的形象思維。

看 圖造句的想像力

　　抽象的幾何圖形，充滿想像空間，最容易經由類比原則（相關性），經由右腦的不同向度（取代性、縮小性、擴展性、逆向性、重組性），自由馳騁，激發豐沛創意。

　　以右圖形為例，第一，可自三個小圓圈的**「取代性」**（依事物的特性做交換）上，展開聯想，發揮創意。如果將三個小圓圈看成三個凹洞，則可以是「保齡球」、「蘋果」、「蓮藕」、「蓋子」、「餅乾」、「調色盤」、「筆筒」：

　　1.把大拇指、中指和無名指插在保齡球的三個洞裡，就能輕易用一隻手拿起保齡球啦！（林家宇）

　　2.圓圓的大蘋果被蟲蛀了三個洞，我不敢吃了！（沈盈吟）

　　3.新鮮切片的蓮藕，平整地放在盤子上。（馬浩翔）

　　4.排水孔的蓋子剛剛清過，所以一點毛髮污垢都沒有。（張友淨）

　　5.媽媽在一塊餅乾上壓出三個洞，做為裝飾用。（楊淑茜）

看圖作文新智能

6.這個調色盤只有三個顏色區，真奇怪！（洪文傑）

　7.爸爸買了能插三支筆的筆筒給我，要我好好用功。
（蔡蕙如）

如果將三個圓圈看成凸出、立體的，則可以是「硬幣」、
「鈕釦」、「湯圓」、「雞蛋」、「小籠包」、珍珠奶茶的「珍
珠」、「露珠」、「接物鏡」：

　1.一個五十元硬幣上放了三個一元的硬幣。（楊淑茜）

　2.衣服上的鈕釦掉下來了。趕快撿起來，回家請媽媽幫
我再縫上去。（吳岱容）

　3.碗裡有三顆湯圓，吃完了，我就多三歲了。（林宜
慧）

　4.盤子上有三顆雞蛋在跳舞。（鍾芳庭）

　5.今天的生意很好，蒸籠裡只剩下三個小籠包。（沈盈
吟）

　6.這杯珍珠奶茶，僅剩下三顆珍珠在裡頭。（謝玉祺）

　7.圓圓的荷葉上滾著三顆圓圓的露珠。（林欣怡）

　8.顯微鏡的轉盤上有三種不同倍數的接物鏡，一個是8
倍，一個是20倍，一個是40倍。（林桂棻）

當然，三個圓圈也可以代表不同的形體，分別代表「眼
睛」、「嘴巴」，形成「臉」的綜合想像。如：

1.電視上突然出現一張外星人的臉，把我嚇了一跳！（蕭若玫）

2.合唱團的團員在練習前，正開口在做發聲練習。（沈盈吟）

3.弟弟很愛看卡通，常常看傻了眼，嘴巴張得大又圓。（陳奕翔）

4.我在荷包蛋上塗上三圈番茄醬，變成弟弟的臉。（鍾芳庭）

5.小嬰兒睜大了雙眼，張大了嘴，一定是受了什麼驚嚇。（游慧娟）

6.發生了什麼事？你的眼睛瞪得好圓，嘴巴張得好大！（洪文傑）

7.妹妹把白色的氣球，畫上她圓圓的眼睛，圓圓的嘴巴。（陳湘茹）

8.萬聖節到了，我要戴上鬼面具，向叔叔阿姨要糖果。（楊巧敏）

9.小丑的面具，永遠是空洞的大眼，張大的嘴。（崔瑋珊）

10.戴上防毒面具的士兵，小心翼翼向前推進。（筆者）

11.媽媽的面膜有好多圓圈圈，圈住了媽媽的嘴巴，卻圈不住慈愛的眼神。（林宜慧）

於是形形色色的臉：外星人的臉、練唱團員的臉、弟弟看傻了臉、弟弟胖嘟嘟的臉、小嬰兒的臉、被驚嚇的臉、氣球的臉、鬼面具的臉、敷面膜的臉，經由相似聯想，紛紛出籠。

第二，可自形體的「**縮小性**」（縮小、細分事物的特性），經由「微觀」觀察，掌握「別具隻眼」的聯想。因此，圖中的小圓圈，可以變成「芝麻」、「細菌」、「細胞」、「灑粉口」、「針孔」。如：

1.今天早餐吃的大餅上有三粒芝麻，真好吃。（施奕如）

2.顯微鏡底下三隻活蹦亂跳的細菌。（陳奕翔）

3.三個細胞在顯微鏡下活動著。（蔡蕙如）

4.這瓶胡椒粉罐有三個灑粉口，真是方便啊！（沈盈吟）

5.老奶奶的老花眼，根本看不到圓紙上的三個針孔。（筆者）

當然，也可自空間的「**擴大性**」（擴大、延展事物的特性），經由「廣角」概括，掌握「宏觀」的視野。如此一來，圖中的小圓圈，可以變成遊樂場的「旋轉的咖啡杯」、「碰碰車」、大圓桌上的「大盤菜」、比賽的「相撲選手」（由上往下看）、天空的星圖「大三角」，地球上的「島嶼」。如：

1.糟糕！遊樂場停電了。旋轉咖啡杯動也動不了。（林坤賢）

2.在碰碰車的場地裡，有三台碰碰車正快速的移動，撞成一團。（陳翠嬅）

3.里長伯伯家的喜宴好熱鬧，我們全家人跟其他鄰居都坐在一個大圓桌上吃著山珍海味。（林宜慧）

4.比賽已經進入白熱化階段，眼看兩位相撲選手即將要分出勝負，裁判緊緊的跟在旁邊，等著做出公平的裁決。（呂宜樺）

5.從望遠鏡中，清楚看見夏日大三角，好漂亮！（陳靜雯）

6.有一天地球阻隔成三個圓島，不相往來，人開始懷念那段擁擠廝殺的生活。（陳湘茹）

凡此，通過「顯微鏡」、「放大鏡」的不同視角，形成「相對而相似」的聯想，呈現更活潑的想像空間。

第三，可自物體的**「逆向性」**（反面連結事物的特性、意涵）著眼，打破正向（前面）的視覺習慣，充分運用反思（背面、底部）的觀點，展現新奇特異的敘述。如：

1.真奇怪，是誰給了米老鼠的屁股一個特寫啊？（蕭若玫）

2.弟弟別頑皮了，快把你翻過來的小凳子恢復原狀！

看圖作文新智能

（洪文傑）

3.這個花盆的盆底，有三個洞，爸爸說這是用來讓植物能把多餘的水分排掉的出孔。（施奕如）

4.圓圓的太陽默默注視著三個飛碟以品字形迅速飛過。（筆者）

第一例是從米老鼠屁股後面來看。如從正面來看，則是米老鼠的眼睛、鼻子，或眼睛、嘴巴的特寫。第二例是把凳子倒過來看，凳子三隻腳變成三個小圓圈。若從上面看下來，則看不到三個小圓圈。第三例是從花盆底部來看，自然「別有洞天」，若從上面看下來，三個洞也許是蚯蚓的傑作（陳翠嬌：「在盆栽裡，有三隻蚯蚓慢慢的探出頭來。」）。第四例不從仰望天空的角度來看（林家宇：「大家一起賞鳥的那天，我在望遠鏡裡，看到了三個飛碟經過。」），而是從太陽俯瞰的角度，提出新思維，新視界。

第四，可自物體的「**重組性**」（依事物的特性、意涵、順序，重新調整）構思，亦即調換位置，改變圖形，形成更自由的書寫，召喚更多元的創思。以本圖形為例，可以將三個小圓圈，調置大圓外：

如此一來，變成新圖形，新想像，新造句。如：

1.沙灘上留下三個足跡，見證著無數的潮起潮落。（李凱平）

2.這隻大海龜，只伸伸前腳，就不想動了。

3.掛鐘上方為什麼出現三個彈孔，誰也弄不清楚。

4.剛出爐的蘋果派，上面再加上三顆草莓，就更漂亮了！

5.他可以身體一直搖呼啦圈時，頭和雙手還可以再套上一個，四個一起轉。

6.供桌上紅龜粿的後腿，被哪個愛吃鬼偷吃了？

7.誰那麼不小心，把三粒湯圓掉在碗外面？

8.師父太用力了。把小和尚的頭打出三個腫包。

9.班上同學分成三組，圍成圓圈，向操場中央前進。

10.他食量驚人，早餐一定要吃一大張蔥油餅，外加三籠肉包。

11.泡完澡後，三組人開始在大眾池外烤肉。

12.太空總署發現三個飛碟，正向地球飛來。

13.丟了三枚銅幣在許願池裡，希望一切能「心想事成」。

14.他縮成一團，左晃右晃，最後終於站穩在大白球的中央。（二至十四例筆者）

綜上所述，可見運用「取代性」、「縮小性」、「擴展

性」、「逆向性」、「重組性」的思考，可以釋放想像的能量，讓看圖造句充滿創思，充滿喜悅。

看圖造句的表達力

　　看圖造句，係「觀察力」、「想像力」、「表達力」的綜合測試。而「表達力」正是「視覺智能」與「語文智能」的統整，讓「圖象思維」推向「形象思維」。這樣的凝定、轉化，在在考驗莘莘學子表達能力的指數。論其及表達力指標，大抵有四：第一、正確性。第二、豐富性。第三、活潑性。第四、細緻性。

　　第一、正確性，即要求「講清楚，說明白」，不能與圖形不符，不能違背共同經驗。以此圖為例，必須合乎「三角形」「四方形」的構圖特徵、構圖關係。如：

　　1.三明治和土司都是我最愛的早餐，經濟又實惠。

　　2.御飯團的堅持和國民便當的口味，擄獲了上班族的心。

　　3.用手帕來包粽子，不太好吧！（一至三例筆者）

　　4.媽媽幫我準備了三明治和蘿蔔糕當早餐，不知道該吃哪個好？（陳炫君）

　　5.蛋糕店裡有好多好吃的蛋糕，我最喜歡吃方形的黑森林，和三角形的濃起司蛋糕。（周素瑩）

6.把三角形的積木和方形的積木組合在一起，便成了一間屋子的形狀。（陳秋蘭）

7.在寒冬裡，吃著熱呼呼的關東煮——油豆腐與白蘿蔔，真是幸運的滋味啊！（莊佳陵）

8.緊急時刻，將一塊方形的布折成一半，就可以拿來當做包紮的三角巾。（林文儀）

9.主辦單位運用三角形和長方形，拼貼出一條長長的箭頭，以指引來參加此次會議的來賓觀眾。（陳芳莉）

10.三角形是遙控器上「前進」的按鈕，正方形是「停止」的按鈕。（陳鈞惠）

於是在「近距原則」下，「三明治」和「土司」、「御飯團」和「國民便當」、「粽子」和「手帕」、「起司」和「黑森林」蛋糕、「三角形積木」和「方形積木」、「油豆腐」和「白蘿蔔」、「三角巾」和「方形布」、指引的「箭頭」和「前進」「停止」按鈕，均成最直接最明顯的敘述。

第二、豐富性，是正確性的進階，要求「講得通，說得好」。能自不同角度（橫看、側看、倒看、反看、遠看、俯首、仰看、斜看）、不同組距（拉大三角形和四方形距離）、不同物的組合（加法、減法），加以發揮，形成多元觀照，多角敘述。如：

1.透過窗口，可以看見遠山，一片青綠。

2.拿起數位相機，可以清楚拍下山的容貌。

3.由於膽大的弟弟堅持要玩滑翔翼，哥哥只好站在高台上等他。（一至三例筆者）

4.山腳下的那一大片玉米田，是我們村子的地標，也是村民們的驕傲。（許肇玲）

5.帳棚外的烤肉架上傳來陣陣的烤肉香，讓人忍不住食指大動。（鍾明雯）

6.今年暑假去埃及旅行，當車子開過金字塔時，哇！好壯觀！（何敏瑜）

7.我想乘坐阿拉丁的魔毯，前往那廣闊沙漠，拜訪神祕的金字塔。（林怡君）

8.大樓牆上的數位看板正播放汽車廣告，樓下馬路旁卻擺著黃色三角標誌。（謝采庭）

9.鐵達尼號碰撞到冰山，注定了悲劇的發生，卻也上演了一齣淒美的愛情故事，至今仍讓人難以忘懷。（劉姮君）

10.這排新蓋好的公寓，正面對著一座美麗的小山坡，吸引許多人前來訂購。（葉金鷹）

11.新光三越大樓樓頂上的金三角，直逼總統府的光彩。（劉姮君）

12.火箭衝破大氣層後，因為不堪負荷，所以在離開地球不久後就解體了。（吳佳蓉）

13.「砰！」眾人關注已久的小叮噹號太空梭，居然在

發射不到十秒後支解，真讓電視機前的民眾無限感嘆。（陳芳莉）

14.六歲的妹妹一碰到繪畫時間，就猛拿起蠟筆在紙上不斷的塗抹著，用力之大，甚至連筆被折成兩半，她也毫不在意。（陳芳莉）

15.城堡高聳入雲端，有如被雲施了魔法，截成了兩段。（張哲維）

於是在「遠距原則」運用下，一至十例中三角形和正方形形成不同組距，分別變成：「遠山」「窗口」、「山」「數位相機」、「山腳」「玉米田」、「帳棚」「烤肉架」、「金字塔」「車子」、「金字塔」「魔毯」、「三角標誌」「數位看板」、「冰山」「鐵達尼號」（從上往下看）、「小山坡」「公寓」。而第十一至十五例，三角形和正方形形成「不同物的組合」，分別是「樓頂金三角」「新光三越大樓」、「火箭」「解體」、「太空梭」「支解」、「蠟筆」「折成兩半」（倒過來看）、「高聳入雲「城堡」「截成兩段」（雲造成的錯覺），展現不同於「近距原則」簡單的觀照，展現更豐富的視野。

第三、活潑性，則為再進階，要求「講得活，說得妙」。往往在「近距原則」「遠距原則」白描下，改變表現手法，介入修辭技巧，讓具象圖形，變成人生百態的詮釋（比喻）；讓靜態圖形，變成動感十足的演出（擬人）。如：

1.做事要像三角形，勇銳精進；做人要像四方形，成熟穩重。（筆者）

2.生活像三明治，有各式口味；有時也像白吐司，平淡樸實。（楊文鳳）

3.能站在金字塔頂端的總是少數，我們都是在金字塔底下盲從的一群。（劉瀞徽）

4.父母是子女的一片屋頂，一旦被風雨飛走了，牆瓦儘管屹立，卻已不再完整。（葉金鷹）

5.每個人都是一塊塊的三角拼圖，需要其他家人的三角拼圖，才能拼湊出一個完整的家。（鄭雅云）

6.三角形面如小人的尖嘴猴腮，四方形面如君子的剛正不阿。（劉姮君）

7.三角形動不動講話刺激四方形，四方形只好沉默以對，表示抗議。（筆者）

8.三角形以為自己領先了四方形，卻不知道自己早就走錯。（林文儀）

9.三角鐵和鐵琴最愛爭論誰的聲音美，一吵起架來，就到處摔玻璃。（曾琬茹）

10.四角臉笑三角臉長得醜，三角臉回答他說：「你也沒好看到那裡，五十步笑百步。」（筆者）

11.金字塔對紐約時代廣場說：「真羨慕你那邊好熱鬧！」時代廣場說：「老兄，我才羨慕你，可以耳根清靜，沒有噪音干擾！」（筆者）

12.四方形對三角形說：「我比你大，我是你的兩倍。」
（筆者）

13.濕漉漉的傘姊姊楚楚可憐地向置物箱先生說：「我需要你的臂彎。」（鄭雅娟）

其中一至六例均運用比喻。第一、第二例為具體（「三角形」「四方形」、「三明治」「土司」）喻抽象（「做事」「做人」、「生活」），第三例至第六例則為具體（「少數」「一群」、「屋頂」「牆瓦」、「三角拼圖」「完整」圖形、「小人」「君子」）喻具體（「金字塔頂端」「金字塔底下」、「父母」「子女」、「人」「家」、「三角形面」「四角形面」）。反觀七至十三例均運用擬人。第七例至第九例均加上動詞、形容詞（「講話刺激」「沉默以對」、「領先」「走錯」、「爭論」「吵架」「摔玻璃」），虛擬情境。第十至第十三例則透過生活對話（第九、第十、第十一例）、獨白（第十二、第十三例），呈現不同思維，映現不同情意，展開充滿活力的語言建構。

第四、細緻性，即要求「講得細，說得深」，能注意細節，捕捉神態；能深入描繪，寫出幽微。換言之，細緻性注重語言藝術的加工，化概括為詳細，化粗略為精進。以三角形為「聖誕樹」，正方形為「禮物」為例：

1.聖誕樹上的燈泡閃閃發亮，樹底下禮物的包裝紙也閃閃發亮，不知道今年聖誕老公公會送我什麼禮物！（林怡

君）

2.聖誕樹下各式禮物穿著鮮豔活潑的亮彩，吸引孩子們閃爍的目光，逗弄著孩子們期待的心。（陳劼諡）

3.屋裡的聖誕樹光華奪目，包裝精美的禮物上閃金亮紅，充滿著歡樂的佳節氣氛。（林怡君）

這樣的描繪，注意到「聖誕樹」上的「燈泡閃閃發亮」（第一例），注意到「禮物」是「穿著鮮艷活潑的亮彩」（第二例）、「閃金亮紅」（第三例），比起只寫「聖誕樹下放著許多禮物，今年不知道會拿到什麼」，顯然觀察更為仔細，文字更為細膩。另以三角形和方形組成「火箭」為例：

4.沒入雲端的火箭，若隱若現的機身，滿載著人類的期許，勇往直前。（張哲維）

5.火箭漸漸升空，載著人們各式各樣的夢想，穿過厚厚的雲層，穿過外在的阻礙，在天空踏下歷史見證的足跡！（林美如）

6.巨型火箭發射，尾端噴出熊熊火焰，在眾人的驚嘆和注目下，緩緩升向天空。（筆者）

這樣的描繪，寫出火箭的高度「沒入雲端」、「若隱若現的機身」（第四例），寫出火箭的動作「穿過厚厚的雲層，穿過外在的阻礙」（第五例），寫出火箭的發射現況「尾端噴出熊

熊火焰」（第六例），比起概括敘述「火箭升空是人類偉大的壯舉」、「火箭升空是人類征服外太空的夢想」，無疑描繪得更細緻，更生動。

　　綜上四項指標觀之，「正確性」是表達力的基石，要求解圖的正確，造句的正確。「豐富性」、「活潑性」、「細緻性」是表達力的進階，力求「遠距原則」的移形換位、「變化原則」的鮮活律動、「逼真原則」的栩栩如生。而此四項指標，均可經由反覆訓練，逐步強化，有效提升。至於最後，再調適上遂，神而明之，則邁向表達力的高峰「新穎性」。畢竟，能獨占地步，創新生色，永遠是語言藝術的第一義，創作的最高指導原則。

題型篇

看圖
寫短文

〔題目一～題目七〕

題目一

看圖寫短文

根據此圖，寫五十字以上的短文。

參考作品

1 　星期天，我們全家人去參觀天文館。

　　到了星象館，弟弟說：「哇！晚上了！好多漂亮的星星喔！」

　　我說：「笨蛋！這裡的星星是假的，是人做的，天上的星星才是真的。」

　　弟弟聽了不服氣的說：「那你怎麼知道天上的星星不是

神明做來騙你的。」（陳志瑋）

2 有一天晚上，爸爸帶著我們到陽明山欣賞夜景。俯視眼前景色，絢爛奪目，恰似廣闊無際的燈海。然而當我仰望天空時，滿天的星星一閃一閃的，像是一個個會說話的小眼睛，歡迎著我的到來。（楊淑茜）

3 微風徐徐的夜晚，我們一家人在庭院乘涼。當我看著滿天的星星，不禁向媽媽問了一個問題：「星星有什麼傳說的故事嗎？」媽媽向我說：「傳說天上的星星是死去親人的靈魂，因此它常常掛在天上，就像陪伴在我們身旁。」因此我想，當我們懷念死去親人的話，不妨常常仰望這些星星，就像是他們一直陪在我們身邊。（楊淑茜）

4 還記得小時候，每到夏天，最喜歡要求爸爸帶我去看星星，躺在鬆軟的草地上，聽著爸爸訴說星星的故事。他說，人死後就會飛到天空中成為一顆顆發光的星星。曾幾何時，我也變成了爸爸，今晚遙指天上的星星，向兒子訴說爸爸曾說過的故事。（區宏光）

5 小弟弟和家人一起去看星星。小弟弟說：「等我長得很高很高的時候，我要把星星抓下來，讓爸爸、媽媽、哥哥和我坐上星星，在夜空裡飛翔。」（林欣怡）

6 童年時一個夏天的傍晚，全家人一起出去散步。一路上我們說說笑笑，笑聲隨著浪濤越傳越遠，海面上亮起點點漁火。沿著海岸線，我們一直走下去。爸爸停下來，指著夜空，媽媽、弟弟和我抬起頭來，但見滿天星斗，光華燦爛，

多麼亮麗！（林海泠）

7 星星們最喜歡賞地球了。

　　據曾經溜著金色滑梯，登陸地球的太空流星說，地球上有一種叫做「人類」的動物，他們住在各式各樣的籠子裡。有些籠子大而堅固，不能移動，有些籠子可以在空中飛、地上跑或水裡游。他們一方面囚禁自己的身體，一方面追求心靈的自由；他們害怕被擄獲，卻渴望擄獲別人，真是奇怪！（陳志瑋）

8 晴朗的夏夜，爸爸和媽媽帶我們去大屯山上看星星。大地就像我的家，星星是閃亮的電燈泡，輕風是擺在牆角的大電風扇，靜悄悄的吹出涼爽的風。看著山下台北盆地的夜景，就好像在看三百六十度的立體大電影。山上的這個家真的好棒！好棒！下次我要帶好多朋友來玩。（辛瑞芝）

9 關於童稚時的一些記憶早已褪去一大半，然而在那些朦朧的畫面中，有一件事總是揮之不去，深深地鑲在心底──我和父親、母親在夜空下看滿天繁星。我的父親、母親很特別。我總覺得他們應該性別對調。父親溫柔而感性，他常告訴我和姊姊一些星星的浪漫傳說；母親堅韌而理性，她總指著天空，將星星的名字告訴年幼的我。

　　一切終將成為回憶，然後遺忘、消逝。現在，當失意時，我便會抬頭看著星星。只是星星不再那麼多了。有時，總有一、兩顆亮星熱情的閃著，在那裡頭，我彷彿望見父親、母親瞇起眼，對著我笑……。（李凱平）

10 哇！天上好多小星星喔！爸爸說：「每個人都有屬於自己的一顆守護星。」我說：「嗯，那上帝爺爺給了我兩顆守護星耶！」媽媽說：「為什麼呢？」我回答道：「因為爸爸媽媽一直保護我，愛護我，給我無微不至的照顧，所以我有兩顆守護星喔！」（游慧娟）

11 弟弟指著夜空說：「哇！滿天的星光，好亮的大眼睛啊！」哥哥仰著頭說：「不對，是雪花啦！」誰知爸爸卻笑著說：「不對不對！應該是楊桃切片啦！」媽媽不以為然，提出質疑：「不對不對！楊桃切片怎麼會漂浮在天空？」哥哥說：「媽！妳太沒有想像力了。這是比喻嘛！」（陳朝松）

12 我還記得晚上全家和樂融融在一起看星星的畫面。大家有說有笑，好不快樂！那時星星的眼睛一閃一閃的，好像在和我們說話，一起聊天呢！如今，這個畫面消失了。爸爸和媽媽打冷戰，不說話了。只有我和哥哥默默的對著夜晚的星星，覺得星星看起來很遙遠。（鄭又寧）

13 每個人都有屬於自己的一顆星，每顆星星都有一段故事。

夏天夜裡，天上有四顆明亮的星，緊緊靠在一起。兩顆大的是爸爸媽媽，圍繞著我和弟弟，一家人永遠不分離。（陳奕翔）

簡　析

一、所謂「空間智能」是「對色彩、線條、形狀、形式、空間及它們之間的敏感性」（H. Gardner, 1983）。因此，觀察此圖，宜掌握圖中四個人的關係。不宜寫成「父親」、「母親」和「我」三個人的構圖關係而已（第九、第十例）。

二、全篇寫作，有兩大類型：㈠概括敘述。如：第二、四、八、九、十二、十三例。㈡介入對話。如：第一、三、五、十、十一例。至於在概括敘述上，藉由星星的傳統，或星星的比喻，可以讓文章的內涵更豐富（第三、四、十例）、文采更生動（第八、十一、十三例）。

三、最具創意的為第七例。全篇自「星星」的視角切入，跳脫一般「人」的視角，形成嶄新觀照，別具隻眼。

題目二

看圖寫短文

根據此圖，寫五十至一百字短文。

參考作品

1 　每到生日吹蠟燭時，小華就會特別高興。有一次，叔叔
好奇地問小華為何他會這麼興奮，小華偷偷地告訴叔叔：
「我許了三個願望，第一希望能拿到很多禮物，第二希望能
每天吃好吃的東西，第三希望每天都能過生日，這樣就有數

不盡的願望可以許了！」(區宏光)

2 母親節快到了，哥哥和我打算存錢一起買蛋糕跟禮物來送給媽媽。爸爸你覺得怎樣？爸爸你還有其他特別的主意嗎？例如說：先帶媽媽到新光三越高樓上一邊享用可口的晚餐，一邊欣賞台北市美麗的夜景。接著，再把我們特別準備的蛋糕送上，點起蠟燭。這樣的安排。我猜媽媽一定很高興！(曾玉霖)

3 叔叔問我今天幾歲，我回答說：「我昨天一口氣吹熄了蛋糕上的五根蠟燭，媽媽說我長大一歲，已經五歲了。等我可以一口氣吹完七根蠟燭，就可以和哥哥一起去上學了。」(林欣怡)

4 想吃蛋糕！我好想吃蛋糕！我真的好想吃蛋糕！可是我的生日剛過。沒關係，弟弟的生日又快到了。我趕快拉著弟弟的手，走到爸爸面前：「爸，下星期一是弟弟的生日，他想吃冰淇淋蛋糕！」(鄭又寧)

5 爸爸問小明，最想要什麼禮物？小明說：「我最想要插滿七根蠟燭的蛋糕。七根，要不同顏色喔！」爸爸說：「沒問題！明天晚上，就可以實現你的願望。在星空下，我們在院子辦你的慶生會。」(管國育)

6 小明在生日前夕，跟爸爸說：「爸爸，我想要有一個蠟燭會閃亮的蛋糕！」爸爸說：「要和天上的星星一樣亮嗎？」小明說：「對呀！亮亮的蛋糕看起來好炫哦！」爸爸說：「好！沒問題！包在我身上！」小明就很開心的上床睡覺。

　　隔天晚上，爸爸要小明閉上眼睛，數到三才能把眼睛張開。「一、二、三！」小明睜大了雙眼，但眼前並沒有任何的改變，很失望的對爸爸說：「爸爸，你騙我。什麼東西都沒有呀！」「小傻瓜，你把頭抬起來看看。」爸爸順手把房間的燈全關上。黑漆漆的房間中，竟然看見天花板上有一個閃閃發光的大蛋糕！爸爸用螢光貼紙，一點一滴拼湊出「愛的蛋糕」，配上閃爍的小燈泡和生日快樂歌，在小明的腦海中烙下最幸福的畫面。「爸，我愛你！」小明和爸爸緊緊的擁抱在一起。（陳怡君）

7　小弟弟難掩期待的笑容，迫不及待地向哥哥發表關於他七歲生日的慶生計畫。他幻想有一個海洋波浪點綴花邊的蛋糕，上面豎立蠟燭閃亮亮的祝福，他希望今年的願望，爸爸會替他實現。（陳靜雯）

8　趁著晚上爸爸帶他們兄弟倆去散步時，弟弟說他和哥哥想存錢，合買一個蛋糕送給媽媽。於是父子三人興高采烈的討論起來。是鮮奶油蛋糕比較好呢？還是草莓蛋糕比較好呢？或是冰淇淋蛋糕才棒？父子三人一時拿不定主意。弟弟說，乾脆問媽媽好了。（林桂棻）

9　晚飯後，小弟和哥哥和頂樓露台乘涼，看見隔壁的大哥哥也在那兒。小弟說：「大哥哥，今天是我哥哥的生日耶！等一下我們要切一個這麼大的蛋糕喔！你要不要一起來？」哥哥拍拍小弟的肩膀，覺得他們兄弟倆真是太有默契了，心裡想的竟是同一件事情。（張嘉芸）

簡　析

一、此圖主題鮮明，以插蠟燭的生日蛋糕為核心，展開敘述。敘述者可以是「弟弟」（第二、七例）、「哥哥」（第四例）、「小華」（第一例）、「小明」（第五、六例）等。

二、展開敘述，宜交代圖中三人的關係（第二、四、七、八例），不宜變成兩人的世界（第一、三、五、六例），形成粗略、籠統的觀察。

三、看圖作文，多為「情境寫作」。經由情境的設定，具體運思，展開合乎生活經驗的想像。然而創造力豐沛的學子，則錦心運筆，邁向「情節寫作」，安排出動人情節。如第五例之作，即是「愛的小故事」，相當難得。

題目三

看圖寫短文

根據此圖，寫五十字以上短文。

參考作品

1 　女兒啊，每當音樂課放學時，看到妳臉上滿足的笑容，便是我最大的安慰，有人說，音樂的世界好比天堂，譜上一個個音符是四處翱翔的天使，衷心期盼妳能乘著歌聲的翅膀，健健康康快快樂樂的長大。（區宏光）

2 　妹妹開心地跑過來，像隻小麻雀、吱吱喳喳的描述著歌

97

唱比賽緊張的過程和終於贏了的心情，我請她再表演一次，然後教我唱。平時沒有耐心的妹妹，這時候卻像個老師慢慢又細心的教唱。（鄭又寧）

3 海倫從小就不喜歡上學，大家都不知道怎麼辦，擔心她這樣下去，功課會趕不上。還好這學期遇到很有經驗的陳老師。在陳老師「耐心、用心、細心」的協助下，海倫現在變得喜歡上學，每天開開心心和同學一起唱歌，一起跳舞。（鄭又寧）

4 我最喜歡媽媽了。

　　當我開心歌唱時，她會替我和，幫我打拍子。

　　當我悲傷哭泣時，她會為我拭淚，聽我訴說。

　　我最喜歡媽媽了。（陳志瑋）

5 母親節到了，我以一曲「媽媽的眼睛」獻給媽媽。

　　媽媽聽完後，既開心又感動，說：「我也想將這首歌獻給外婆，妳教我唱好嗎？」

　　我一邊教媽媽唱，一邊想：「希望以後我的孩子也會唱這首歌給我聽。那時，我會告訴他，媽媽也曾經唱這首歌給外婆聽，外婆也曾經唱給外曾祖母聽。這首歌裡有好多好多媽媽的甜蜜回憶。」（陳志瑋）

6 「啦！啦啦——」小女孩心花怒放的哼著歌。這是今天她在學校剛學會的。回到家裡，她一直快樂地哼著。媽媽聽了，也跟著打拍子，跟著唱。於是，整個房內，飄著「母女二重唱」的歌聲。（黃瑜平）

7　有一天，小妹妹在一個空曠的草地上哼著歌。這時候有一位年輕女士聞聲而來說：「小妹妹，妳唱得不錯喔！」結果，小妹妹一時興起，越唱越大聲。旁邊的女士面帶微笑，直誇道：「小妹妹，好好加油！將來做個演唱家喔！」（林容孜）

8　晚上吃飽飯後，妹妹講述今天在學校發生的趣事和家人分享。說到今天在課堂上學了一首悅耳的歌，就哼了起來，而媽媽也在一旁跟著打拍子，和她一起唱和，好一幅和樂融融的畫面。（張友淨）

9　上音樂課，老師和學生一起順著曲調，跟隨節拍，唱出一首首輕快美妙的歌，大家融入在快樂和諧的氣氛中。看著大家臉上露出燦爛的笑容，果然音樂可以陶冶性情，愛音樂的小孩不會變壞，只會變得更可愛。（楊巧敏）

10　今年母親節，小英忘記為媽媽準備卡片，只好唱了一首歌來慶祝。沒想到媽媽卻非常高興，還跟著一起唱。她說：「和一張十幾塊的卡片比起來，媽媽更希望看到小英快樂的樣子。妳能高高興興的長大，就是給媽媽最好的禮物。」（林坤賢）

11　李老師想報名參加學校的教職員歌唱比賽，特別請班上合唱團的學生幫她「特訓」。一遍，兩遍……一直唱到第十遍，終於字正腔圓，不再走音。大家在旁鼓掌叫好，李老師才露出笑容。（林桂棻）

12　老師告訴我們，要把生活當成藝術來經營，把微笑常掛

在臉上，讓愉快的氣息，散佈在空氣中，如同優美的音符，在空間中悠遊跳動。老師的一番話，真是字字珠璣，發人深思。（陳靜雯）

13 妹妹迷上了一首同學改編的爆笑歌，一天到晚又唱又跳。媽媽聽了，覺得這旋律有點耳熟，原來是她年輕時流行的一個曲調。看著妹妹開心的神情：眉毛彎得像鉤，鉤緊了一種天真；眼睛眯得像縫，縫住了所有快樂。這讓她想起當年，不禁笑了笑，也跟著哼了起來。（張嘉芸）

簡 析

一、圖形中兩人的「關係」，可以有諸多「組合」。如：母親和女兒、老師和學生、姊姊和妹妹、外人和妹妹等。至於內容，與音樂有關。如：唱歌、上音樂課、說話像唱歌等。

二、本篇敘述視角，多自小女孩（妹妹、海倫、女兒）角度展開。亦可從大人（母親、老師、姊姊）角度展開，呈現不同的思維。如第一、二例。

三、一幅圖想像空間較大，解讀書寫，充滿人物關係、情境設定的變化。若將此圖放在四幅圖中，則多了前後銜接、連貫的限制。請參「看圖寫短文」題目七。

題目四

看圖寫短文

以「假如我是一隻小鳥」為題，寫一百字短文。

參考作品

1 假如我是一隻小鳥，我會飛到爺爺種植水果的果園裡，和那裡聚集的小鳥交朋友。請求牠們不要再來，啄食爺爺辛苦栽培的水果。因為我不想再看到，爺爺因為水果被鳥兒傷害，而露出的苦惱、傷心的表情；也不想再看到，無意間闖到網子裡，掙扎不出、痛苦萬分的小鳥。所以假如我是一隻小鳥，我希望成為爺爺和鳥兒溝通的橋樑。（謝玉祺）

2 假如我是一隻小鳥，我會在每天清晨，飛到公園的樹上，用我最為自豪的悅耳嗓音，為早起的人們，獻唱一首首好聽的歌曲。我不會辜負上天賞賜給我的好禮物。我要用我

看圖作文新智能

的歌聲，為人們帶來整天的好心情；讓他們用愉悅的心，去迎接充滿期待與朝氣的每一天；讓他們因為我的歌聲，展現出神采奕奕的模樣。（謝玉祺）

3 假如我是一隻小鳥，我會努力飛翔，找出天國的方向。將奶奶平日掛在嘴邊，想念爺爺的話語，一一傳達給遠方的爺爺知道。也讓住在天國的爺爺，知道我們多麼想念他。多麼懷念與他一同歡笑的日子。重感情的爺爺，想必也有無數的話語，想要對奶奶及我們說。假如我是一隻小鳥，我就可以完成「郵差」的任務。（謝玉祺）

4 假如我是一隻小鳥，我會先飛到電線上去跳跳看，因為站在電線上而不會被百萬伏特的電力給烤焦是件很酷的事！

假如我是一隻小鳥，我會盡我所能的飛翔、飛翔。翅膀拍累了，就藉助空氣的滑行，穿越平原高山，聽壯闊的瀑布聲、也聽細細的涓流聲，飛翔在天空中，邀視萬物。

假如我是一隻小鳥，我不會因站在電線上而被烤焦，但卻會成為人們盤中的佳餚——烤小鳥；假如我是一隻小鳥，我不會停止我的飛翔，直到飛不動為止。（崔瑋珊）

5 假如我是一隻小鳥，我會拍拍我的翅膀，享受乘風飛翔的滋味；假如我是一隻小鳥，我要用最美妙的歌聲，跟大自然一起合唱；假如我是一隻小鳥，我想要飛到更高更遠的地方去看看。假如我是一隻小鳥，當我飛累了、倦了，我會倦鳥歸巢，重回媽媽溫暖的懷抱。（蔡妮君）

6 假如我是一隻小鳥，我希望我有一雙靈巧的翅膀，隨著

風翔翔環遊全世界。再也不需要搭飛機遊遍古老的中國、神秘的非洲、熱情的拉丁美洲，冰冷的南極洲、溫煦的南歐……。

我希望當一隻自由的小鳥，不需要隨著季節就得到處遷移，好麻煩！只要想去哪裡，就能隨心所欲展翅高飛。（曾俊瑜）

簡　析

一、就看圖寫短文而言，限定題目，適合測試評比，較易檢視學子的語文表達力。反之，不限定題目，適合創思教學，較易激發學子的語文創造力。

二、就圖形元素而言，圖中只有單一元素（形象），宜力求「統一中有變化」，盡可能展開「心智的眼睛」，出入於虛實之間。反之，如有兩個元素（形象）或兩個元素（形象）以上，則力求「變化中有統一」，自成前後銜接、連貫的敘述。各有各的教學目標。

題目五

看圖寫短文

根據此圖，寫一百字以上短文。

參考作品

1 大貓對著玻璃缸照鏡子，心裡納悶著：「我的眼睛真是水汪汪，還有不停搖擺的裙子，就算自己不用動，它們也會輕飄飄的，真美麗！」

在玻璃缸中的魚同時想著：「原來驕傲、自我膨脹的下場，是全身會長滿奇怪的毛。醜死了！我該好好聽媽媽的話，不要太自大才行。」（楊于儂）

2　小貓肚子餓了，東倒西歪來到魚缸前面：「喵！裡面有一條魚，看起來肉質鮮美一定有好滋味。要怎麼吃好呢？喵，烤來吃？蒸來吃？還是生魚片最方便……」魚兒看見貓哥哥目不轉睛的盯著她看，急紅了臉：「這貓哥哥怎麼直盯著人家看，還流口水，害人家好害羞……」（林海泠）

3　金魚覺得很奇怪，這一隻貓老是圍繞在牠的魚缸旁。金魚想：「牠是想要和我交朋友嗎？」於是對貓咪伸出牠的右鰭，揮了揮，向貓示好。其實，貓咪在一開始見到主人帶回來金魚時，就對這個奇特的小東西有了好感。平時也很想將主人餵的鮪魚罐頭，和金魚分享，卻不知該如何開口。正猶豫時，眼見金魚剛好釋出善意，貓咪好開心！兩種動物的奇妙友誼，即將展開……。（黃秀娟）

4　「呵呵呵，原來烏龜先生出差去，魚小姐妳會不會寂寞呢？需要我進去陪伴妳嗎？」滿心期待想和魚小姐做朋友的貓──阿虎，心中盤算著。可惜，彼此不來電。少了烏龜先生的叨擾，正落得清閒的魚小姐，早在烏龜出發前，就不斷地幻想，自由的空間是多麼美好的呢？（曾玉霖）

5　貓咪好奇地看著魚缸中的魚，發現魚也正在看著牠。貓咪很著急地在魚缸外徘徊，三不五時伸手進去抓魚兒。魚兒很害怕地游來游去。貓咪說：「別怕，讓我來救救你，你就不會淹死啦！」（鄭又寧）

6　小黑是一隻很有同情心的貓。有一天牠發現鄰居家養著一尾肥美的小金魚，小黑想：「現在直接吃掉小金魚的話，

牠一定會很痛，還是等牠睡著再吃吧！」可是小黑在鄰居家陽台徘徊了好幾天了，一直沒看到小金魚睡著。於是，小黑跑到小金魚的魚缸旁問：「你都不睡覺嗎？為什麼總是等不到你闔上眼皮呢？」（林欣怡）

7　貓咪和金魚深深地相愛著。金魚決定離開魚缸，一輩子都待在貓咪身邊，和貓咪一起在陸地上生活。貓咪阻止了金魚。「因為愛你，我更不能讓你離開魚缸。我寧願每天只能隔著玻璃看你，也不要因為想要擁抱你，而使你窒息。」（陳景怡）

8　貓不懂魚為什麼整天游來游去。

魚不懂貓為什麼這麼遊手好閒，無所事事。

於是，魚對著貓嘆息，泡泡不停自口中冒出。貓越看越火大，覺得每一顆泡泡都在笑他太閒，一氣之下就把魚吃掉了。（管國育）

9　貓咪好奇的問魚兒：「你為什麼要住在這麼小的屋子裡呢？」魚兒開心地回答說：「魚缸裡可比外頭舒服多了。每天有吃有睡，還有人為我換乾淨的水。住在這裡我可是什麼都不缺。」只見貓咪一點也不羨慕的答說：「的確，你似乎什麼都不缺，但你卻沒有我的自由。」（黃瑗瑗）

10　小貓無意間發現了一個魚缸，便俯著身，側著頭，往裡面瞧。當小貓和小魚的眼睛四目交接，小貓心想：「運氣真不錯，這下子我的點心有著落了。」這時，小魚立即提高警覺：「別想動啥歪腦筋，我的主人馬上就回來了，看你往哪

兒躲。」（賴瑩玲）

11 一隻野貓偷偷爬進某戶人家的屋子裡，看到了一隻活在水缸裡的金魚。貓不禁疑惑的問：「你終日活在這樣狹小的世界裡，看的永遠是一樣的景物，連最基本的戒心都消失了，不覺得悲哀嗎？」金魚神態自若，笑著說：「那你整天提心吊膽，餐風露宿，為著每一餐而冒險，不覺得相當無奈嗎？」（林記民）

12 花貓望著魚缸裡的金魚說：「別怕！別怕！我只是想跟你做朋友，我好想聽聽在水裡生活的故事喔！」金魚驚訝的說道：「真的嗎？想瞭解水裡的生活，問我就對了！」金魚與花貓從此經常隔著玻璃缸，瞭解彼此的生活。（游慧娟）

13 貓說：「我最喜歡照鏡子了。我以玻璃為鏡、以水為鏡、以瞳為鏡……，到處找可以照出我優雅身影的東西，累死了！」

魚說：「我最不喜歡照鏡子了。我在缸裡，無論往哪游，都會看到我自己。煩死了！」

貓對魚說：「我真羨慕你！」

魚對貓說：「不！我才羨慕你呢！」（陳志瑋）

14 有一天，一隻貪吃的花貓經過，看到魚缸裡的小金魚，很想一口把牠吃掉，心裡便想著：「我就先和金魚假裝做朋友，再來把牠吃掉。哈！我真是太聰明了。」（林文儀）

15 嘴饞的貓，虎視眈眈的看著正在魚缸裡悠游的金魚，腦海中浮現了炭烤香還是清蒸好的交戰。

「小金魚妹妹，想不想跟你的家人團聚啊？我可以幫你唷！」

金魚搖搖尾巴，不以為然：「一隻怕水的貓，說什麼大話！」結果貓愣在當場，接不下話。（蔡旻珊）

簡　析

一、視覺智能往往會激發創造力。似此魚和貓的「對話」情境，最能激發「角色扮演」的興趣，藉由擬人手法，展開光怪陸離的異想世界。

二、魚和貓的關係，可以是情人（第七例）、朋友（第一、三、四、十、十一、十三例），也可以是敵人（第二、六、八、九、十四例）。而朋友中可以是「友直、友諒、友多聞」的「益友」（七、九、十一例），敵人也可以是爾虞我詐的偽君子（十四例），端看作者（導演）如何來導這齣戲，如何賦予不同的意涵。

三、似此短文，可以是純屬感性的想像（第一、二、三、四、五、六、七、八、十、十二、十四），也可以升級，介入知性，呈現深刻寓意（第九、十一例），邁向寓言寫作。

題目六

根據四幅圖，每幅圖寫一段，寫一百字以上的短文。

參考作品

1　每天一大早天還沒亮，大地都還在沉睡之時，太陽公公打了一個大呵欠，心不甘情不願的揉揉眼睛起床囉！

太陽公公溫暖的照著大地，小鳥兒高興的唱著歌，踩著輕盈的步伐飛到樹枝上開心的和太陽公公打招呼。

太陽曬屁股囉！公雞還想偷懶，拼命賴床不肯起來。太陽公公調皮的刺了公雞一下，公雞被熾熱的光線嚇得大叫：「咕！咕！咕！」

小朋友們聽到公雞的叫聲，都趕快起床收拾書包上學去，一路唱著歌，開心的和太陽公公打招呼，今天又是美好的一天呢！（陳蕾玲）

2　太陽公公很辛苦，每天一早天還未亮就得起床，緩緩的爬上高高的天空，露出燦爛的微笑，溫暖著大地。

早起的鳥兒有蟲吃！小鳥也一大早起床迎接太陽公公呢！小鳥和太陽公公熱情的互道早安，美好的一天即將展開。

公雞還懶懶的不想起床，太陽公公偷偷射出長長火熱的光芒，頑皮的刺了公雞一下，嚇得公雞害怕緊張大叫「咕咕咕！」

大地都被太陽公公叫醒囉！小朋友們看見親切和藹的太陽公公都很有禮貌的道早安，太陽公公稱讚小朋友是準時上

學的乖寶寶。（陳蕾玲）

3 太陽公公很辛苦，每天很早就要起床工作。從山後面的家，打起精神，一步一步往上走。走著走著，天漸漸亮了。

小鳥在樹上高聲歌唱，遇見和藹的太陽公公，高興的說：「早呀！」太陽公公也開心的向小鳥說：「早安。」

賴床的公雞先生還不起床，直到太陽公公的光芒都曬到牠屁股了，牠才驚醒，大聲的喊著：「咕咕咕！」

小朋友聽到公雞先生的叫聲，便起床梳洗，出門上學去。途中看見親切的太陽公公，小朋友笑得很開心，太陽公公也微笑的向小朋友道早安。（楊巧敏）

4 今天太陽公公顯得特別累，雖然已經起床了，可是依舊瞇著眼睛，一臉沒睡飽的樣子。

小鳥只好用美妙的歌聲，徹底地把太陽公公叫醒。太陽公公很快地睜開眼，高高興興向小鳥說：「早啊！」

忽然，太陽公公發現公雞咕咕還在睡懶覺，就用它的鬍子刺了咕咕的屁股，咕咕連忙跳起來，並大聲「咕！咕！咕！」的叫大家起床。

小朋友聽見咕咕的叫聲，也趕忙起床準備上學。途中，仍不忘向太陽公公打招呼。（吳岱容）

5 山的後面露出金光，陽陽起床啦！「呵啊！啊啊啊──」他打的哈欠比誰都還大。

「咕！咕！咕……！誰刺我屁股？」雞弟弟從雞窩跳起來！陽陽不屑的說：「再睡你會變成一條豬！」

枝頭上的小雀也剛起床，擺擺頭來伸翅膀，看見陽陽說早安，媽媽說：「早起的鳥兒有蟲吃。」小雀和陽陽都是個早起的乖孩子。

上學途中，我也向陽陽說早安，希望他今天也能平平安安。（吳盈儒）

6「啊～」太陽先生打了一個好大的哈欠，兩手推開厚實的山背，「鼓咚」彈出山頭。曙光照耀著世界，樹兒隨風搖擺，一草一木都歡欣的期待著。

「早啊，小小鳥兒。」太陽先生愉快地跟啾啾的鳥兒道安，這是他今天遇到的第一個朋友，人家說：「早起的鳥兒有蟲吃。」他不禁為鳥兒感到快樂。小鳥兒在枝頭揮動著翅膀，為這美麗的早晨舞出一團活力。

走著，走著，太陽先生發現該早啼的公雞還沉浸在夢鄉裡，偷偷從背後搔他癢。被驚醒的公雞，還沒清嗓子，立刻跳出他的小窩，扯開喉頭大聲啼叫。「嘻，除了你之外，大家都醒嘍！」公雞大哥一聽，臉都紅到雞冠上了。

太陽先生笑歪了嘴，又爬到更高的地方，小朋友們正準備上學，邊走還邊唱著歌，圓圓的眼睛填滿快樂的色彩。「嘿！小朋友精神很好喔！」他們笑開了嘴：「呵呵……」新的一天又已正式展開。（林郁珍）

7「啊！」的一聲，喚醒沉睡的山兄弟，曙光輕輕撫摸綠油油的山頭，風兒呼呼搖擺青蔥蔥的樹條。寂靜的大地耐不住性子，趕忙將剛睜眼的太陽弟弟拋往天空。

　　小鳥兒鼓動著翅膀，舞一首早安曲，搔動太陽弟弟的感覺神經，張開大眼睛，晃動著亮眼的光芒，與小鳥兒歡欣同樂。

　　頑皮的太陽弟弟玩不過癮，偷偷走近酣睡的公雞，捏了他一把。

　　「咕咕咕──」一聲刺破大家的美夢。
太陽弟弟笑得更開心，晶亮的光線好不耀眼。

　　「啦啦啦……」三五成群的小朋友，興奮的和他打招呼，太陽弟弟也大聲的回應：「美好的一天開始啦！」（林郁珍）

8 日復一日，年復一年，太陽在每個昨日的激情演出後，打著哈欠，做著「熱」身運動，從果凍般翠綠的山谷中，暖暖的、咕溜的滑升出來。

　　咚的一聲，在樹梢上，太陽已熱情的張開左手，向早起的小鳥打招呼。小鳥總在他每日的賴床時間，吱吱喳喳，胡亂哼著快樂的小調，將自己一天的活力給引了出來。

　　至於公雞守衛，反倒是昂著頸，拉著喉，像張滿、緊繃的弦一樣，將聲音撕裂般地蹦出，守著職責將太陽喚醒。但今天他竟然失職，太陽便伸長著鬍渣，惡作劇也似的燙了一下他的屁股，來個公報私仇。

　　而討厭穿雨衣的小學生，一向最喜歡太陽了，太陽一貫的用著左手，回應他們的熱情。他知道自己不能夠擁抱他們。過多的熱情，只會造成他人的灼熱難耐。於是早在很久

很久以前，他已立下了誓言，收起雙手，適度的普照萬物。
（李天訊）

9 酷夏太陽，從層層山坡中伸伸懶腰，打打哈欠。愣了片刻後，抖擻精神，迎接晴朗的一天。在上班途中遇見小鳥正在樹上作發聲練習。他站在一旁聆聽，並跟小鳥說：「唱得好！加油喔！」

接著，酷夏太陽繼續往前昂首跨步，他看到偷懶的公雞又再貪睡。酷夏太陽用他灼熱的手掌叫公雞起床，公雞眼看不能再賴了，馬上咕咕叫的離開他舒適的巢穴。

等走到天空中，酷夏太陽看見小主人翁攜伴上學，他笑得更開心；一路守護相隨，看他們走向學校，完成他每天的導護工作。（林冠良）

10 東方國裡有一顆太陽。早上剛起床的時候，他會跟樹上的小鳥打招呼，打完招呼後，就到雞舍去叫公雞起床。有時候公雞偷懶，他就偷偷地戳公雞的屁股，公雞每次都被嚇得不敢貪睡。小朋友很感激他總是見義勇為，不讓公雞有藉口偷睡，讓他們上課不至於遲到，所以每次在路上看到他，也紛紛舉起手來跟他打招呼，東方國就這樣沉浸在一片和樂融融的氣氛中。（陳芳莉）

11 新的一天來臨，太陽從睡夢中醒來，他正準備叫醒萬物，迎接美好的一天。小鳥最先醒來，唱著悅耳的歌聲，向太陽道早。太陽看見勤勞的小鳥，心情跟著高興起來，放出更炫麗的光芒了。過了一會兒，太陽覺得有個地方不對：

「奇怪了,為什麼還沒有聽到公雞叫?」他發現值班的公雞還在偷偷賴床,沒有發出啼聲把大家叫醒,難怪許多小朋友還不願醒來。寂寞的太陽只好使出「搔癢絕招」,把公雞搔醒。這下公雞終於醒了,還癢得咯咯叫,叫醒了沉睡中的小朋友。小朋友醒來上學,一路上笑嘻嘻向太陽說早安,向同學說早安,大地又恢復了生氣。(涂文芳)

12 清晨,太陽弟弟起床了,打了個呵欠,慢慢走上山去照耀大地,使大地明亮溫暖,有個美好的開始。樹木聳立著,高興的歡迎他,他興奮的向停在樹枝上的鳥兒說早安,鳥兒也高興的說:「早啊!太陽弟弟!」太陽弟弟很頑皮,老是喜歡惡作劇。他故意用尖尖的光芒燒母雞的屁股,想讓他屁股紅通通,鬧得母雞哭哭啼啼。不過太陽弟弟也有優點,他非常有禮貌,還會跟爬山的遊客問好,大家都稱讚他。(涂文芳)

簡 析

一、四幅圖作文的重點有二:第一、主題明確,力求言之有物、言之有理。第二、前後關連,力求言之有序,講究時間先後的關係,事件因果關係。

二、至於「看」的方式有二:第一、站在圖外「看」,即所謂「外聚焦」,可以從不同視角切入,交互運用。如第一例先用「太陽」觀點(前三段),再用「小朋友」觀

點（第四段）。第二例先用「太陽」觀點（第一段）、接著「小鳥」觀點（第二段），再來是「公雞」觀點（第三段），最後是「太陽」、「小朋友」觀點（第四段）第二、站在圖內「看」，即所謂「內聚焦」，從固定視角切入，前後一致。如第六、八、九、十、十一、十二例，均採「太陽」觀點，從頭到尾，保持敘事觀點的統一。

三、本圖參考林淑英、林淑卿《作文新苗看圖學作文》（一九九二，華一）。

題目七

看圖寫短文

1

2

3

4

以「我最喜歡的老師」為題，根據四幅圖順序（每幅圖寫一段），寫一百字以上的短文。

1 我最喜歡的老師是音樂老師，她很溫柔又親切，擁有一副好歌喉。音樂老師常常教我們帶動唱，上音樂課的時候大家都很快樂的唱唱跳跳。

音樂老師很關心，很照顧我們。她會陪我們玩遊戲，還會溫柔的提醒我們要注意安全。

這次運動會，音樂老師找了原住民的音樂，我們穿上原住民的傳統服飾，快樂的跳著山地舞表演給全校同學看。大家都為我們熱烈的鼓掌喝采，老師和我們都覺得很驕傲。

這次段考我考了一百分，老師稱讚我很努力，進步很多，是個很棒的乖孩子。我非常喜歡老師，我要努力唸書，不讓老師對我失望，而是以我為榮！（陳蕾玲）

2 我的老師像個大明星，總是唱出動聽悅耳的歌聲讓我們聽得如癡如醉，帶來歡樂的氣氛。

老師又像我們的好朋友，每天都陪著我們一起玩遊戲。老師像一個細心的媽媽，總是時時叮嚀我們要注意安全，不可爭先恐後的，要守秩序。

運動會的時候，老師教我們跳一首有趣的山地舞，全校的小朋友都為我們鼓掌加油，老師臉上的驕傲讓大家都覺得無比榮耀。

我考試考了一百分，老師稱讚我是個聰明又用功的乖實

實。我要一直保持下去，讓老師和爸爸媽媽永遠為我驕傲。
（陳蕾玲）

3 我的老師真正好，多虧她細心的教導，教唱歌，多美
妙；不論Do Re Mi或Sol La Si，還是貝多芬或柴可夫斯基，
音樂課，真歡喜。

我的老師真正好，多虧她細心的教導，提醒我們安全的
重要，滑梯慢慢溜才不會跌倒。

我的老師真正好，音樂舞蹈一把罩，多虧她細心的教
導，原住民的舞蹈，大家也能跳得嘎嘎叫。

我的老師真正好，多虧她細心的教導，國語、數學或社
會，常考滿分令人羨。（吳盈儒）

4 陳老師是我們班這學期新來的實習老師，她臉上經常掛
著和藹的笑容。她對我們班每個人都很好，常常教我們唱
歌，下課的時候，還會陪我們到遊樂場玩遊戲。有時候我們
玩得太過火，她就會很細心的提醒我們，要小心自己的安
全。上次我們班跳原住民舞蹈，得了第一名，她還一個一個
給我們鼓勵。除了活動方面的陪伴外，如果同學考試考一百
分，她也會給予最大的鼓勵。我們班能遇到像陳老師這麼棒
的實習老師，真的很幸運。（陳芳莉）

5 老師像是我們最為貼心的保姆。她教導我們唱歌，讓我
們唱出快樂的心聲，保持愉悅的心情。每當我們玩耍時，她
總是在旁小心翼翼的注意著我們的安全。同時，她亦指導我
們跳舞的技巧，使我們出外比賽能獲得佳績。當我們考試進

步時，她給予我們極大的鼓勵。所以，與老師在一起是我們最快樂的時光。（楊淑茜）

6 上課時，老師帶著小朋友唱著原住民歌謠，跳躍的音符與輕快節奏繚繞在教室的每個角落，真是悅耳動聽極了！下課了，同學們活蹦亂跳，跑到遊樂場玩，老師不斷叮嚀同學玩遊樂設施時要注意安全，千萬別受傷。老師替美美和小英兩人報名舞蹈比賽，配上原住民傳統歌謠，並訂做服裝，真是辛苦。上課了，老師發下月考考卷，美美考了一百分，老師稱讚美美要她繼續保持下去。（涂文芳）

7 小美天生一副好歌喉，從她嘴裡唱出的歌如黃鶯出谷般悅耳，連老師都很欣賞。小玉的運動細胞頂呱呱，常被老師指派參加運動競賽，她也不負眾望，拿了很多獎牌。阿珠和阿妹的舞蹈細胞一級棒，參加任何表演總是表現出色，贏得很多掌聲。小珍有顆聰明的頭腦，學業成績非常優秀，常得到老師的讚美。從這些同學的表現中，我們知道，每人都有不同的優點與專長，所以不要妄自菲薄，因為「天生我才必有用」。（涂文芳）

8 童年回憶裡，與小學老師相處的時光，最甜蜜了。我的老師擁有一副好歌喉，時常與我們一起唱歌，愉悅輕快的音符，迴盪在校園中。我們在遊戲時，他總是與我們一起玩耍，並且時時提醒我們遊戲時的禮儀，不要爭先恐後，隨時注意安全。記得，那時班上有兩位原住民同學，平常最喜歡唱歌跳舞給大家欣賞，老師鼓勵他們發揮唱歌跳舞的天分，

並帶他們參加傳統歌謠比賽，結果，得到了全國第一名！這
件事也因此使老師與同學上了報紙的頭版呢！對我而言呢，
最開心的當然是考試考一百分，看見老師那親切和藹的笑容
時。每當老師稱讚我，我總是害羞的低下頭，心裡更希望這
份榮耀能獻給老師。有時回想起童年的一幕幕，總希望時光
能倒流，再回到那與老師相處的甜蜜時光。（涂文芳）

簡 析

一、四幅圖作文，有兩種寫作模式：第一、歷時性，掌握時
　　間先後關係，事件因果關係。如第一、三例。第二、共
　　時性，掌握空間並列關係，多以排比方式展開。如第二
　　例。

二、第四幅圖，筆者曾讓學子看圖作文，不限於一種寫法，
　　多多益善。語三乙謝玉祺同學表現創思的流暢力。例作
　　如下：

　　⑴為了不辜負林老師的細心呵護，我努力奮發的用功唸
　　　書。經過不斷的努力，以及老師時時的鼓勵之後，我
　　　有著相當大的進步。這想這一切都要感謝老師的鼓
　　　舞。

　　⑵林老師經常跟我們說：「你們對於自己有所要求，並
　　　盡力展現出自己優異的表現，就是對我最大的回報
　　　了。」老師這種無私的精神，真是太令我們感動與敬

佩了。

(3)對於考試成績優異的同學，老師總是給予嘉勉；對於成績不甚理想的同學，她則是給予更大的鼓舞與支持。林老師堅持不放棄任何一個學生，這種付出的精神真是令我們感動。

(4)林老師是個不吝於給學生鼓舞的好老師。當她看到自己的學生有傑出的表現，是她感到最安慰的事。所以我們一定要盡力表現出最好的一面，絕對不要辜負老師的期望。

(5)看到學生有優異的表現，林老師總是比學生更加高興。她為我們的表現感到光榮。我們以後一定要精益求精，督促自己，千萬不要辜負老師對於我們的期望。

(6)老師對於我們的鼓舞，是我們努力求進步的最大動力。為了要報答林老師無微不至的照顧，今後我們一定要更加努力，讓老師為我們的表現感到安慰與驕傲。

可見看圖作文足以激發各種不同的創造力，端視題型如何設計、要求。

三、本圖參考林淑英、林淑卿《作文新苗看圖學作文》（一九九二，華一）。

看圖
寫故事

〔題目一～題目七〕

題目一

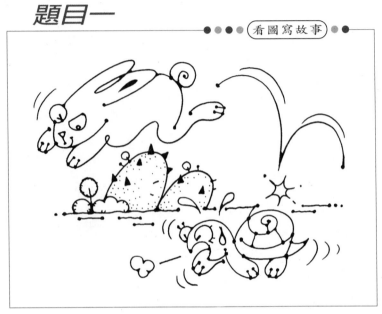

以兔子、烏龜為主角，寫一個龜兔賽跑的故事。限一百字以上。

參考作品

1 話說在第一代龜兔賽跑時，烏龜贏了，而兔子輸了，當然兔子也就心有不甘，於是勤練跑步。

過了一年，兔子下戰帖給烏龜，要求再跑一次，於是，烏龜答應了。

到了比賽當天，槍聲一響，兔子「颼」的一聲，就衝

去；烏龜則是慢慢的一步一步往前爬。

爬呀爬的，途中經過了一間教堂，這教堂前有個噴水池，烏龜爬了這麼久，當然覺得有點熱，於是就用水沖了個澡。當沖完澡後，烏龜突然發現背上長了一對翅膀，於是便一飛，飛向終點，贏了兔子。

各位看官們，相信您一定覺得很奇怪，為什麼烏龜會突然長出一對翅膀而贏了兔子？

讓我告訴各位答案。烏龜喝的是可以達成願望的聖水嘛！（鄭雅云）

2 兔子有鑑於上次烏龜跑贏，是喝了聖水的緣故，這次兔子又想跟烏龜下戰帖了！這次兔子想好對策，不再找可以喝水的地方了，兔子希望烏龜會因為缺水而體力透支！想好對策，兔子就高興的去向烏龜下戰帖。

烏龜接到戰帖，心想：「怎麼辦？這次沒有聖水可喝了！」在屋裡踱來踱去，被烏龜姐姐看到了。烏龜姐姐知道牠是因為戰帖的事煩惱，於是告訴牠說：「你安心啦！我一定會幫你的！」

到了比賽的那天，烏龜心虛的準備出發，出發的那刻開始，兔子就飛也似的跑不見了，留下烏龜一個人慢慢的拖著龜殼爬。這時，烏龜姐姐出現了，牠帶著一輛滑板車給烏龜弟弟。於是烏龜弟弟高興的騎著滑板車出發，往終點邁進。

終於千鈞一髮之際，就只有一秒之差，烏龜比兔子早一步到達終點，贏得了這次的競賽。（鄭雅云）

3 兔子的後代想到這些年來飽受大家的恥笑，決定與烏龜後代再比賽一次。他們約好從地球到月球，看誰最快到達，誰就是勝利者。小兔和小龜分別搭上自己的太空船，從地球出發。

小兔坐上太空船，音樂開得很大聲，由於他一心想要贏，開得非常快。正當小兔手舞足蹈沉浸在搖滾樂中，他沒有注意到前方的隕石，來不及換方向，就撞上隕石，消失在太空中。此時小龜慢慢的到達月球，贏得了勝利。（林文儀）

4 三十年前的龜兔賽跑中，兔子因為貪睡，讓烏龜得到勝利。三十年後，兔子的後代小兔想要雪恥，因為三十年來備受恥笑。所以小兔決定找烏龜的後代小龜再比一次。於是他們約在台北火車站前，比賽規則是從台北火車站到高雄火車站的距離，可以任選交通工具，看誰最快到達。

小兔心想這次絕對不能再輸，於是他選擇搭飛機。而小龜因為擔心感染SARS，所以寧可選擇搭可開窗戶的平快火車。小兔上飛機前量了體溫，體溫達到38度，不但無法上飛機，還被送到醫院隔離了十四天。所以當小龜到達高雄時，此時的小兔正可憐的被隔離在台大醫院中……。（林文儀）

5 兔子自從上次輸給烏龜後，心裡一直深感遺憾，決定這次比賽，無論如何一定要贏烏龜。這次龜兔賽跑的路線，是從北極延伸到南極。誰知當他們在比賽的同時，中國正在流行著SARS疫情。知識淵博的烏龜，曾在中國古籍中發現商代人習慣用龜殼來卜卦吉凶，所以當烏龜到達中國之時，就

用身上的龜殼預知未來的情形，逃過一劫。而兔子平常總是習慣用舌頭舔身體，因此在北京的途中，意外感染SARS，不幸去世。結果烏龜仍是最後的勝利者。（吳淑敏）

6 兔子的第二代一直到現在還承受著第一代的恥辱，以至於村裡的動物常常嘲笑牠。因此，牠從小就決定，長大後一定要洗刷掉這個恥辱。如今，牠已長成一隻雄壯的兔子，於是牠去找烏龜，要與烏龜決一勝負。烏龜答應兔子的要求，但是烏龜覺得賽跑太無聊，牠想要比賽打電動。兔子一聽，心裡竊笑，牠可是村裡馬力歐賽車的第一名啊！於是，牠們相約三天後舉行比賽，地點在烏龜家。三天後，兔子便赴約到烏龜家去，而烏龜早準備好了。於是，兔子和烏龜開始比賽。兔子的賽車實力真的沒話說，一開始就領先烏龜好幾圈，而烏龜只能在後頭不停的追趕。而當兔子快接近終點時，烏龜的賽車突然發出砲彈襲擊兔子，兔子的賽車便在路旁打轉。烏龜趁著這空檔發射火箭引擎，快速抵達終點，拿下冠軍，保住烏龜家的名聲。而兔子只能黯然的在旁啜泣。（曾鈺娟）

7 歷經多次的失敗教訓，小白兔做任何事都不敢再掉以輕心。牠鍛鍊游泳，不再害怕水性，培養自己的定性，拒絕紅蘿蔔誘惑，每日正常作息，戒掉睡午覺的習慣，好再與小烏龜作一生死決戰。

正當比賽槍聲響起前，大會主席突然把小白兔叫到跟前，跟牠說了悄悄話：「小烏龜得了絕症，將不久於世間，

你就讓牠快樂的走完剩餘的歲月吧！」小白兔鼻子一酸，眼睛都泛紅了。牠心中暗暗決定：「等會兒我要假裝扭傷腳，好讓小烏龜享受蟬聯冠軍的喜悅！」（陳劼諡）

8 小白兔決定要在小烏龜進入冬眠之前，再與牠做一爭戰，搶回飛毛腿的封號。時間選在中秋節這一個假日舉辦比賽，一來作為大家的餘興活動，二來招集更多觀眾，滿足小白兔的虛榮心。

嫦娥娘娘聽說世間有個盛大活動要舉辦，也盛裝前來參加。槍響過後，小白兔迅速奔過嫦娥娘娘的面前。眼尖的嫦娥娘娘馬上發現那隻小兔就是曉班出走的玉兔，連忙飛過去把小白兔抓了起來。嫦娥娘娘不准牠繼續比賽，要牠立刻回去搗藥，否則就要開除牠仙籍。小白兔只好因個人因素退出比賽，讓小烏龜又一次莫名其妙獲得了勝利。（陳劼諡）

9 話說當年龜兔約定賽跑，信心滿滿的兔子卻因貪睡，而輸給了慢條斯理的烏龜，這對兔子而言，是個多麼大的打擊啊！由於無法置信，所以從比賽過後，兔子沒有一天開心，最後也抑鬱而終。

場景轉到了科技發達的二十一世紀，龜兔的第十八代子孫，為了紀念祖先事蹟，決定重新比賽、一較高下。因此雙方協議好，訂下同樣的日子、同樣的規矩，由一座山的頂點當起點，看誰先抵達山底的終點即獲勝。

比賽這天終於到來，兔子摩拳擦掌，心想：憑我的飛毛腿，只要記取祖先的教訓，全力以赴、不要貪睡，相信輕易

就能贏過那隻短腿龜吧！於是槍聲一響，兔子就使出全勁，一下子就不見蹤影。而烏龜呢？竟然一派輕鬆的散著步，似乎一點也不緊張，烏龜到底有什麼秘密武器，為什麼露出很有把握的神情呢？

　　原來啊！飽讀知識的烏龜，早在前幾天就做過功課，把整座山的高度、山路的總距離，以及兔子的速度做過徹徹底底的分析。等到時間差不多的時候，全身上下都做好防護措施，從山頂上縱身一跳，靠著重力加速度，剛好趕在兔子抵達終點前到達，輕鬆的靠腦力贏得了勝利。

　　但直到現在，兔子仍想不通，到底為什麼會輸了比賽！所以誰說烏龜動作慢？他的腦筋動得可快呢！（謝芬妮）

10 一年一度的「龜兔賽跑」大賽又到了。詭計多端的兔子想到去年因為一時驕傲，竟然不小心輸給了動作慢吞吞的烏龜，今年一定要再想個法子贏回比賽。「今年來裝可憐好了，烏龜笨頭笨腦的，一定會中計的。」

　　比賽當天兔子佯裝成腳受傷的樣子，包著繃帶拄著枴杖硬要參加比賽，好心的烏龜比賽前還勸兔子說：「如果受傷就不要勉強，以免傷勢加重啊！如果你還是堅持要參加的話，那我跑慢一點好了！」這時兔子心想自己詭計一定會成功。比賽開始了，沒想到烏龜竟然穿上了今年最流行的輪鞋，輕輕鬆鬆的就超越兔子。而兔子為了不讓腳受傷這個謊言在大家面前穿幫，只好慢慢走。眼看差距愈來愈大愈來愈遠，最終兔子還是輸了這次的比賽。（曹敏鳳）

11 這次烏龜和兔子又要來比賽賽跑了。牠們為了求公平性，於是將賽跑場地設在崎嶇不平的道路上，而且在抵達終點前，並須渡過一條小河。這樣的設計可是針對牠們的專長而安排的啊！

在經過崎嶇不平的山路時，兔子一蹦一跳，輕而易舉地便跑完了這段路；反觀烏龜，牠揹著笨重的殼，氣喘吁吁地慢慢爬著，一點也不輕鬆。於是，兔子很快地便到達河邊，準備渡河。但牠可不會游泳啊，這該怎麼辦呢？牠左看右看，便撿起掉落在一旁的樹枝，編成了木筏，開始渡河。

當兔子快要划到河中央時，烏龜也來了。烏龜可是游泳健將，只見牠：「噗通！」下水後，沒多久就超越兔子。烏龜拚命地游，眼看終點就在眼前。誰知這時牠的腳卻因用力不當而抽筋。兔子看到這樣的情形，趕緊划到烏龜身旁，將牠撈起。最後，雖然沒有分出勝負，但那已經不重要了，因為牠們已經成為互相扶持的好朋友呢！（莊佳陵）

12 預備，起！

兔子想，咦！笨烏龜怎麼還沒來，就在這裡休息一下吧！

「地上有一個彈弓耶，太好了，那我就來打小鳥吧！」兔子說。

咻！碰的一聲。「咦！我是不是眼花了，好像打到了一個圓圓會飛的盤子耶，」兔子自語。

「啊，不管它了。」兔子的頭往後回看。

「哈！慢烏龜還在後面慢慢的爬。」

就在兔子快到達終點時，兔子心想，「我乾脆在終點前面等牠，在那裡先休息一下，等烏龜一來，我只要跨出我的一小步，卻是牠的好幾步，那我還是贏囉！」

不久烏龜追上來了，兔子正要跨出牠最後一步時，竟然外星人出現了，把兔子綁走。

留下的是傻了眼的烏龜。（劉姮君〈不分勝負版〉）

13 兔子最近愛亂花錢，不得已開始縮衣節食了，不過他想到一個可以讓自己飽吃一頓的好辦法，於是約烏龜比賽賽跑，輸的人要請客。兔子心想憑自己的實力一定會贏烏龜，這樣一來就可以省了一筆錢囉！

不過烏龜提出他來決定比賽的方式。兔子對自己自信滿滿，便不假思索爽快的答應。來到小河邊，烏龜說：「那就來比誰先游到對岸吧！」這時高傲的兔子被嚇到，仍保持鎮定，心想：糟了！自己的勝算不大，必須想想辦法。

噗通的一聲。只見烏龜慢慢的游向前方，兔子卻困在水裡掙扎，彷彿快溺死的樣子拚命喊救命。烏龜聽到了，不由得興起惻隱之心，便回頭搭救兔子，讓兔子坐在他的背上，烏龜便背著他慢慢游上岸。就快到終點時，兔子突然詭異的哈哈大笑，踩著烏龜的背，咚的一聲，跳上岸。

「哈，我贏了，笨烏龜快回去準備我愛吃的蘿蔔吧！」兔子說。（劉姮君〈兔子勝利版〉）

14 近年來經濟不景氣，兔子接到的case越來越少，荷包也

嚴重縮水了。一年一度的員工運動會比賽就要開始，兔子相信在今年參加10000公尺的比賽，依舊能贏得一筆不錯的獎金。根據以往參加運動會的經驗，兔子每每總覺得胸有成竹。因為敢接受挑戰的對手只有烏龜，但烏龜總是遠遠落後在他的後面。

砰的一聲，只見兔子毫不費力地快跑到終點了，突然手機鈴聲響起，訊息是股市受到美伊戰爭的影響，大跌了。

「我的多年積蓄都沒了！」兔子慘叫一聲，當場便昏厥過去。

烏龜終於出頭天，獲得生平的第一筆獎金。（劉姮君〈烏龜勝利版〉）

15 兔子因為手長腳長，辦事效率特別高。尤其一做起事來，爆發力冒出，手腳便不聽使喚，非得認真做一小時以上才肯罷休，於是他步步高升，好不容易升到經理的位子。並總是看不起做事慢吞吞的同事烏龜。

一年一度的公司運動會比賽又要開始了。兔子已鼓足所有精力，勇往直衝，這時烏龜也在一旁做好準備動作。

比賽開始，突然有一根蘿蔔滾到兔子面前，兔子心想：「這肯定是有人想要誘惑我，害我輸了這場比賽。」兔子越想越火，用腳使勁一踢，竟不一小心踢到斜前方正要超越他的烏龜。只見烏龜喊「啊呀！好痛呀！」烏龜便莫名其妙的被踢上終點，贏了這場比賽。（語教人）

16 碰！槍聲鳴起，兔子領先向前狂奔而去，而烏龜依然落

後。兔子心想，上次因為我太貪睡而錯失良機，這次可不能再丟我們兔子的臉啦。兔子一邊想一邊狂奔，烏龜眼看兔子越跑越遠，身體也越來越累，一邊爬一邊流汗，所幸就在路邊休息起來。真是的，這個兔子也未免太猴急了吧！烏龜拿著扇子，滿身疲憊搧著搧著。忽然看到一團毛絨絨的東西。用扇子一搧，那團毛絨絨的東西就動得越快。烏龜覺得有趣，便一手抓起那團東西使勁的扯，哎呀！怎麼會扯不動咧，難道裡面藏著什麼寶藏呢？烏龜越扯越用力，啪，那團東西斷了，只見眼前血流如注，霎時一雙銳利的眼神刺來，烏龜嚇得眼睛都快掉出。只見巨大的怪物伸出銳利爪子，朝烏龜快速揮去。烏龜快速閃過，向前狂奔。有道是潛力無限，烏龜的時速可媲美保時捷跑車，但這隻怪物也不是省油的燈，緊追著烏龜不放。眼看終點就在前面，兔子滿是歡喜的向終點跑去。說時遲那時快，就差那一點，烏龜咻一聲通過終點。兔子只見兩道光芒一閃而逝，知道自己又輸了，便含恨而去，從此不再找烏龜比賽了。（李淑梅）

17 槍聲一響，烏龜和兔子便拚命似的往前奔跑，企圖將生命完全燃燒在這次的比賽中。真的！誰也輸不起！就這樣，他們跑過高山、穿過小溪、越過沙漠，不停地奔跑，忽而烏龜在前，忽而兔子追上。結果到最後，烏龜和兔子分別力氣放盡，不支倒地。

　　「聽說，那兩尊雕像，是為了紀念烏龜和兔子的努力不懈。」人群聚集在廣場前，討論著這個傳說。（陳芳莉）

18 為了怕自己不小心睡著，誤了大事，兔子已經連續七天七夜沒睡覺了。終於到了比賽當天，兔子信心滿滿的起跑、快步奔馳。不料，腳突然劇烈的抽痛起來，不禁大叫：「救命啊！」「怎麼啦？」後來居上的烏龜，心有戚戚，露出同情的眼神。「上來吧，我背你去醫院。」後來，烏龜和兔子變成了世代好友，龜兔賽跑就此成了絕響。（陳芳莉）

19 兔寶寶和龜寶寶的比賽方式是跳過五個農莊的籬笆，到達平原的另一頭。兔寶寶為了以防萬一，先找來地鼠挖洞，想陷害龜寶寶。沒想到一不小心，反而害自己掉進洞裡，腳也受傷。最後，靠著龜寶寶和小松鼠的幫忙，才得以離開洞，也才有辦法繼續參加比賽。兔寶寶知道自己做錯，不應該有害人之心，便心甘情願的把冠軍讓給龜寶寶，還和龜寶寶成為好朋友。（蔡旻珊）

簡　析

一、龜兔賽跑永遠是寓言中未完成的故事，可以一直比賽下去。然而不管比賽多少回，結局不外乎三種：第一、烏龜贏（第一至第十例）。第二、兔子贏（第十三例）。第三、不分勝負（第十一、十二、十七、十八、十九例）。

二、檢視跑得慢的烏龜能夠贏跑得快的兔子，得以後發先至，逆轉獲勝，全拜「意外」之賜。「意外」中有靠輔

助工具（「聖水」、「滑板車」、「火箭引擎」、「防護措施」、「輪鞋」），靠第三者介入（「嫦娥娘娘」、「怪物」），靠外在環境（「SARS疫情」、「股市大跌」），靠歪打誤中（「被兔子踢向終點」），靠對方同情（「小烏龜得了絕症」）等，可說五花八門，應有盡有。至於面對龜兔賽跑，筆者最喜歡「和局」，不分勝負的「握手言和」（第十一、十八例）。

三、至於歷來各家龜兔賽跑的各種版本，可參筆者〈龜兔賽跑——寓言競寫〉（《文學創作的途徑》，二〇〇三，爾雅）。

題目二

看圖寫故事

以金魚、貓為主角，寫一個故事，限一百字以上。

參考作品 ◀

1 當陽光斜斜溶入池塘時，貓正漫步踱過庭院的圍牆。

此時，透過半開著的窗戶，貓看見屋內擱在几上的那只小魚缸，小魚缸內有一條美麗的魚。

那條魚真的很美，比貓見過的任何一條魚都漂亮，是平常淺溪裡、市場上見不到的。所以貓忍不住靠過去，和缸內的魚打招呼。

「嗨！你好。」貓的聲音很輕，和他走路的聲音一樣輕。

「你好。」缸內的魚有點羞怯的打招呼。

「我是貓，我四處流浪，沒有名字，你呢？」

「我是魚，我剛來這裡，我也沒有名字。」

「你身體的顏色真美，你從哪兒來？」

「不知道，我生命的記憶裡，似乎是遙遠的大海。」

大海？貓在心中喃喃的唸著這個新名詞。雖然他流浪過幾條街，但從沒到過這個地方。

「那是什麼地方呢？」

「我不知道。」魚搖了搖頭：「那是我出生前的事了。」

「你想不想去呢？去『大海』？」

「當然想，但是……」魚繞著魚缸迅速的游了一圈，嘆口氣：「你看，我沒有腳，只能活在水裡，我去不了。」

「我願意幫你。」貓誠懇的說。

「幫？要怎麼幫我呢？我沒有水就會死。」魚有點驚訝的說。

「很簡單，我可以把你跟水含在口裡，你就不會死了。」

魚點點頭：「這似乎是個好方法，那就麻煩你了，聽說所有的溪流都通向大海，請你帶我到最靠近這裡的溪流中吧！」

主人在工作了一天後，身心俱疲的回到家，卻發現几上的小魚缸只剩下水，他心愛的魚不見了！

「可惡！一定是那隻嘴饞的野貓幹的！」主人憤怒地想。

「不給他點教訓不行，下次不知會來屋裡破壞什麼！」主人怒氣沖沖的拿起擱在桌腳的木棒，大踏步走出去。

沒想到，才剛轉過門口，就發現了貓在一旁的圍牆上走著。

「被我抓到了，吃魚的小偷！」主人吼著，踏步上前，對著貓就是一棒。

貓聽到人的聲音，受驚之下急忙回身，躲過這一棒。

「好大的膽子，撒野撒到我家來了，看你下次還敢不敢？」

主人怒吼著，持續對貓揮了幾棒。奇怪的是，貓只是左閃右躲，沒有激烈的反抗，甚至連表示受驚或示威的低吼都沒有。

此時，不知為何，貓一個失神，被木棒打中身軀，軟軟仆倒在地上。

貓倒下後，不可思議地，魚竟從他微張的口中隨著水流出來。

「唉啊？這是？」主人見了有些不解，但立即認為自己即時拯救了魚。於是小心翼翼地用雙手將兀自在地上蹦跳掙扎的魚捧起，急忙趕回家中，第一時間將魚放回小魚缸中。

魚一接觸到水，便又有了活力與生命，迅速地繞了魚缸游了幾圈。

　　主人見到魚恢復精神，對自己當機立斷的行為十分滿意，便沾沾自喜微笑起來。（蔡依婷）

簡　析

一、看圖寫故事比起看圖寫短文，更須發揮想像力。因情節寫作，力求戲劇化（必須有衝突、有轉折、有意外），講究因果關係的變化。反觀情境寫作，不必戲劇化，旨在呈現特殊情境，依時間先後關係生動刻劃。

二、情節寫作，往往打破一般慣性思維。魚和貓交往，一般都會認為「那隻貓兒不吃魚？」認定貓兒必定設局欺騙，以達目的。於是高明的創作者，往往逆向思考，安排「真心誠意幫忙魚的貓」。然而，事與願違，貓仍敗在主人「自以為是」的成見上，身遭棒擊。

三、似此寓言之作，揭示人每每囿於自身觀點，誤判事實，冤枉對方。

看圖作文新智能

題目三

●●●● 看圖寫故事 ●●

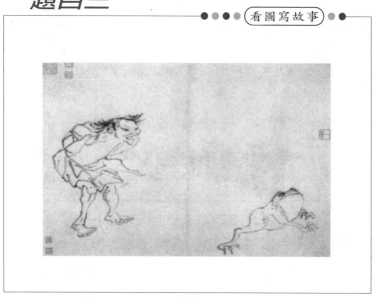

以老人、青蛙為主角，寫一個故事。限一百字以上。

1 　那漢子衣衫襤褸，手背在後。偶爾一陣風吹來，那破舊衣衫的酸味，熏得四周眾人紛紛走避，連地上的青蛙也嫌惡地瞪他一眼，趕緊跳開。

　　那漢子心想：「我已多日未食鮮肉，可恨鋪子裡的老闆個個見我乞討，不是丟粒吃剩的饅頭，就是把我轟出去。今日正好有隻肥蛙，看你往哪跑！」

青蛙被熏得心生不滿，咒罵道：「哪來的叫化子，臭得我差點吐出來，還盯著我眼睛發亮，真倒楣，還是快點回家好了！」（謝采庭）

2　一日，有位男子奉主人之命，去尋找世界上只有三隻腳的動物。因為郎中說這種畜生的肉，可幫小姐補身子。「這東西去哪找啊！」他只好四處逛逛，看看能不能碰到奇蹟。誰知走到湖邊，竟聽到動物自言自語：「四隻腳有什麼了不起，我三隻腳還跳得比你們快！」男子定眼一看，竟然是只有三隻腳的青蛙。「天賜良機啊！」，立即踮起腳尖，悄悄走到青蛙背後，同時一邊手自背後伸出。可惜他粗手粗腳，驚動了青蛙。青蛙一回頭，見到人類，立刻跳走。讓男子搥胸頓足，懊悔不已。（謝采庭）

3　頂著一頭如稻草般的亂髮，銳利的眼神在廣闊的地面逡巡穿梭，唯獨瞅見隻大肥蟾，緊閉唇深怕溢出一丁點的聲息驚嚇了貴客，雙手懸空顫抖，等待撲抓的時機：「來呀！人說肥蟾補身子呢！」肥蟾眼珠急轉九十度，見追兵將至，後腿如彎弓般將身子向前發射，微揚充滿自信的笑臉，帶有一絲的戲弄：「想抓我！不知被玩的是誰呢！」（張瓊文）

4　蛙精苦苦修練五百年，終得以幻化成人，可惜道行不夠深，依然在人與蛙間掙扎不已。「好肥的蟲子！」不禁心中狂喜，垂涎難耐，縮脖彎腰，屈膝蹲身，轉眼間變成一隻青蛙，伸出又紅又尖的舌頭，咻一聲將美食吞下肚。然而心底極為懊悔：「糟，又破功了！」（許肇玲）

看圖作文新智能

5 準備一大袋的蟲餌全讓蛙一口吞下，老人氣得一路追著牠跑。「哈，不知是誰自不量力！」蛙欺負老人年老遲鈍，從容地跳啊跳的，毫不擔憂。反觀老人，竟也是一副勝券在握的神情，「哈，不知是誰自不量力！」原來蛙剛吞下太多蟲子，動作遲緩像懷孕一樣，自己卻猶未察覺。（許肇玲）

6 衣衫破爛的老頭，看到活蹦亂跳的黃金青蛙，興奮得睜大眼睛，嘴角也忍不住上揚。算命仙跟他說，捉到這隻「金青蛙」他就發了。他小心翼翼接近：「小青蛙，跟我回家吧！」

青蛙又心急又緊張：「眼前這人看來不懷好意，還是先溜為妙。」邊跑還不忘偷瞄老頭的行動。最後青蛙逃脫成功，回到家不忘吹噓自己多厲害。而老頭沒抓到，只好垂頭喪氣回家。（鍾芳庭）

7 在河畔上有一位骨瘦如柴，身穿破衫的養蛙大王，追著一隻身體圓肥但手腳靈活的冠軍蛙。只見養蛙大王面露兇光，瞪著死命奔跑的青蛙說：「大家都在等我們，還不快點回去比賽。」而青蛙則嚷著：「才不要，每次勝利品都被你吃掉！」（林容孜）

8 捕蛙人今天遇到這隻異常肥大的青蛙，下定決心，準備制服對方，賣個好價錢。不料這蛙也特別難纏，好不容易把牠逼至絕境，正滿心歡喜著，卻不知此地正是直通蛙族大本營的路徑。捕蛙人一步一步走入青蛙設下的圈套，反而成為蛙族的階下囚。（林桂棻）

9 衣衫襤褸的乞兒，對眼前一躍而過的青蛙，突然吞了一口口水：「嗯……好幾天沒吃東西了，如果把牠捉來熬湯，一定很美味可口吧！」眼裡的笑意暗藏殺機，三步併作兩步，一躍而上。誰知青蛙非等閒之輩，縱身一跳，便消失得無影無蹤。（李皇樺）

10 有天劉海打扮得瀟灑自在，準備到京城去喝個痛快。走了一個時辰，看見一隻缺了一條腿的蟾蜍，他被這隻動物吸引住，興致勃勃地觀賞著。話說那蟾蜍，雖然缺了一條腿，不論前進後退都活動自如，毫無障礙，更令人驚訝的是，這隻蟾蜍的身上有著光滑的皮膚，看起來挺特別，難怪劉海的表情透露驚喜。

　　蟾蜍發現劉海一直注視著牠，便以輕鬆的口氣開口，牠說：「我知道你將要去京城喝『女兒紅』。如果你不嫌棄，不妨到我家，我一定好好招待你！」劉海這下更加興奮，他立即手舞足蹈地說：「沒問題！能到貴府接受招待，三生有幸，咱們走吧！」（陳怡安）

11 青蛙碩大的雙目，銳利的尖爪，不可一世的蜷曲在一旁。男子披頭散髮，衣衫襤褸，直盯著這頭龐然大物，回想年輕時，目光有如此蛙的之熱，伸手，世界盡在五指之中，眼前所見，盡皆綾羅綢緞，不禁感慨萬分。想當初，曾經叱吒風雲，如今已不堪回首，剩下的，不過是這副軀體啊！只見此蛙默默的佇立在一旁，無動於衷，眼睛直盯著樹叢間的小蟲。（李淑梅）

12 捕蛙人苦候一日。正頹喪之際，發現前方跳出一隻肥碩的青蛙。捕蛙人見獵心喜，顧不得筐籠還未備妥，便小心翼翼地尾隨其後，想徒手逮住。但青蛙紋風不動，昂然挺立在原地，這種睥睨的姿勢，竟然有點像家中悍妻對他冷言冷語、不屑的神態。他不禁愕在當場。等他回過神，青蛙又迅速跳離，不見蹤影。（施奕如）

13 他四處流浪，以天地為家。儘管在別人眼中顯得不修邊幅，頹廢邋遢，避之唯恐不急，然而，他崇尚自由的心志，並未因此而有所動搖，始終獨來獨往。雖然，偶爾面臨飢腸轆轆的窘境，卻總有柳暗花明的意外收穫。此時，就在他苦思的當下，有隻蟾蜍一躍而出。他眼睛為之一亮，小心翼翼尾隨於後，期望能一舉成功，那麼今天的晚餐便有著落了。（翁雪芳）

一、老人與青蛙的故事，可以採取全知觀點（第一、三、六、八、十例），也可以採取偏知觀點，自老人角度出發（第二、九、十一、十二、十三例），或自青蛙角度出發（第四、七例）。此即Lazer所指出的視覺空間智能「從不同的角度準確地覺察」。

二、故事模式大抵有六：㈠老人與青蛙友好相處（第十例）。㈡老人以青蛙為鏡，透過青蛙有所感悟（第十

一、十二例）。㈢老人失手，沒抓到青蛙（第一、二、三、六、七、九、十三例）。㈣老人歪打正著，抓到青蛙（第五例）。㈤青蛙設局反抓老人（第八例）。㈥青蛙幻化成人（第四例）。

三、就視覺空間智能「活潑的想像力」而言，第一、三、四、五、七、八、十一例的想像生動，創意十足，值得推薦、觀摩。

題目四

看圖寫故事

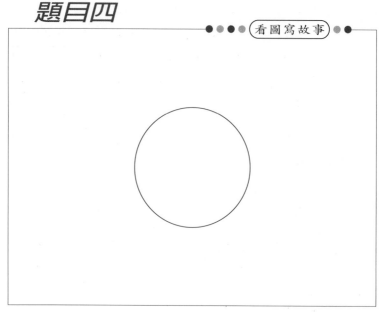

根據圖形，自由命題，寫一個故事。限一百字以上。

氣 球

夏天晴朗的午後，一顆紅色的氣球飄過天空。

氣球邊飄邊想：「奇怪呀？為什麼我在這裡？我是要去哪裡呢？」

他上下張望，發現四周什麼東西都沒有，連白色的雲都在很遠的地方打盹。他飄著飄著，突然覺得有點無聊，想找

146

人說說話，一低頭，看到地上的路燈，他忍不住開口：
「喂！喂！我是氣球，你是誰啊？」

「我？我是路燈呀！」路燈笑著說。

「你站在這兒幹什麼？」

「到了晚上，我要為晚歸的人們指路。那你呢？飄呀飄的要去哪啊？」

「我？我也不知道，我醒來時，就已經飄在空中了……唉呀！」

氣球還沒說完，一陣風吹來，又將它帶到遠方。

他邊飄邊想：「路燈要為人們指路，那我能幹什麼呢？」此時一隻鳥兒飛過，氣球忍不住叫住他：「你好！我是氣球，你是誰啊？要往哪兒呢？」

「呀！我是鳥兒，我正忙著找食物，回去餵我那窩孩子呢！」說完，等不及氣球接話，鳥兒急急忙忙地飛走了。

「鳥兒餵哺後代，那我能做什麼呢？」氣球開始感到煩惱，他可不想就這樣一直飄下去，他發現身體越縮越小，氣體慢慢外洩了。

他飄到了大海上方，他驚訝的發現世界上竟然有這麼廣闊神秘的事物，忍不住開口：「喂！喂！我是氣球，你是誰？」

「我是大海，我是生命的源頭，萬物都從我這裡而生。」

「那麼，萬物的源頭，你能不能告訴我，我到底能幹什麼？」氣球尊敬的說。

大海一聽，哈哈笑道：「這要問你啊！當你有用時，自然就派上用場了，不用急。」

　　儘管如此，氣球還是苦惱極了，尤其他的身體越縮越小，地面也離他越來越近。

　　氣球飄呀飄的，經過一片荒蕪的沙漠，放眼望去都是沙丘，他感到害怕，如果在這裡停下來，他能幹什麼呢？這裡一個人也沒有。氣球在心裡祈禱，快快橫過沙漠。然而此時，他突然發現自己被絆住了，低頭一看，原來是氣球線勾到綠洲邊緣的樹枝。

　　氣球急道：「喂！你為什麼要拉住我呀？」

　　樹奇怪的說：「咦？我才沒有拉你，我還在想是誰勾到我的頭髮咧。」樹邊說邊試著晃了幾下，可是氣球線還是纏得牢牢的。

　　「怎麼辦呀？我就要一直待在這裡了嗎？這裡只有沙，什麼都沒有呀！這樣我要怎麼發現我的用處？根本沒有用嘛！」

　　氣球越想越難過，氣越洩越快，變得越來越小，樹很想安慰他，但是無論自己怎麼甩頭晃手，都沒有用。

　　過了幾天，當氣球的沮喪達到頂點時，一位旅人拖著疲憊的身軀前來。一看到綠洲的湖水，旅人發出快樂的一聲歡呼，跌跌撞撞的衝到湖邊，探頭喝個痛快。

　　喝完後，旅人面有難色的四處張望了一下，看到氣球，狂喜道：「這是上帝的賜與啊！」

他爬上樹，將氣球取下來，用水將氣球灌滿，仔細的用布包好掛在身上，滿足地道：「有這些水，剩下的路程就不用擔心了。水壺在沙漠風暴中失落，還好有這只氣球啊！不過，沙漠裡怎麼會有氣球呢？」

氣球聽了，覺得非常高興：「大海沒有說錯，我也有自己的用途，我會停在沙漠，便是為了這位旅人啊！」

雖說自己沒有氣，再也不能飛上空中，但是滿滿的水卻是另一種沈甸甸的喜悅。（蔡依婷）

善　緣

火車緩緩通過「善化」月臺，窗外暝色無聲湧來，遠方錯落高低的燈花燃亮我眼瞳。記憶的卷軸在微響震動裡悠悠打開，輕輕拂入一九六七年黃昏。那時，我通車至臺南讀初中；放學後徒步至赤崁樓附近圓環，搭「臺南客運」車回新化。

那天，同樣暝色下積，燈火亮起。等我到達圓環，「度小月」、「炸鮮蝦」、「鼎邊銼」、「蚵仔煎」、「土鱔麵」、「四神湯」等攤販的吆喝正沸騰，空氣中翻湧陣陣混和的誘人熱香。

慢慢踱步至圓形站牌，尚未站定，倏忽「臺南客運」車子急速駛來。

昏茫中，「化」字閃進眼角，我立即揮手。車門打開，一個箭步躍上。

將車票卡遞交車掌小姐剪洞，對方連瞧也沒瞧便剪下一洞，交還。

　　收好車票，我習慣性朝後走。挑個靠右座次，將書包擱置膝上，取下圓盤帽，頭靠椅背，兩手微握，便閉目休憩起來。

　　待我從沉沉瞌睡的搖晃中碰醒，車子正響響奔行於砂石路面。車上，已無其他乘客。窗外全溶入一片深沉廣大的漆黑。

　　黑漆裡遠遠近近的燈花呼應成綜錯明亮的圖案。側臉貼靠壓克力窗，靜靜辨認潛形於黑影內的木麻黃、房舍宅院、竹林稻田、工廠，疑惑卻隨景物快速展現而越聚越濃。

　　奇怪？怎麼這般陌生？應該會經過陸軍營區、國民小學，再來經過廟口、水泥橋、天主教教堂。不對呀！

　　越瞧越不妙，「搭錯車！」的意念像鐵夾夾住心臟。我抿咬雙唇，越想越驚慌。畏懼的心靈也不知問車掌小姐。

　　等車子轉彎，開入明亮的街道，我匆匆背起書包，戴上圓盤帽，拉鈴在雜貨店前跳下車。

　　惶恐四顧，雜貨店內兩名中年男子正喝茶交談。

　　我鼓足勇氣，硬著頭皮，走入店內。

　　「借問，這是哪裡？」我口乾舌燥。

　　「善化。」

　　一個男子抬頭，臉圓圓的。

　　「善化？」我囁嚅：「我，是要回去新化……。」

我掏出車票卡。

「那你坐錯。」另一個男子接腔。臉方方的。

我呆立原地，心叫慘啦！家裡沒裝電話，身邊又沒剩零錢，這下子⋯⋯。

兩男子相覷片刻。

「叫他坐回臺南，再坐回新化。」圓臉的提議。

方臉的手指敲扣桌面，想了想：「這樣，不太好。我看讓他坐到新市，新市離新化較近。這樣，時間較省。」

「有理！」圓臉的點頭。

「等會兒有臺南車來，你坐上去，我跟車掌講。」圓臉的面向我。

「有沒有錢從新市坐車？」方臉的說。

我默默搖頭。

對方遞來一元。

不久，車子來了。

圓臉的帶我上車，把我車票卡拿給車掌看，稍加解釋，並拜託：「到新市，叫他下車。」便立即離去。

坐在車掌後兩排座位，我眼睜睜，再也不敢閉目。

經過新市，車掌提高嗓門回頭向我示意。

由於生平從未自新市搭車回新化，我趕快走至至售票亭購票，隨靜默人群在榕樹下候車。

時間緩緩挪移。

陰暗裡，一輛「興南客運」車前來。

151

「是不是去新化？」我謹慎問身前的高中生。

擠上車，拉住車環，想到平常六點半已到家，現在八點半還在陌生的途中，一向緊張的媽不知會死掉多少細胞。一絲絲慚愧悄悄浮上心口。

到了新化農會前，下車。抬眼，媽已站在路口紅綠燈東張西望。

回到家，當然免不了家中長輩——祖父——一頓數落：「讀到初一，大人大種，坐車也坐錯？」「眼睛都沒有看？是不是被漿糊塗到！」「做事要小心，你看害你媽晚飯都還沒吃？」

媽在了解整個過程後，問道：「那個給你錢的先生你都沒問他大名大姓、住哪裡？好還錢謝謝人家。」

「我忘記。」

「你實在笨到有剩。」媽搖頭苦笑。

是有夠笨！斜靠火車座椅，我長長吁口氣，暗罵當時的自己。

車廂內，翻開晚報社會版，靜對燈下一九九〇年報上熟悉而怵目驚心的鉛字：「擄人勒索」、「綁架撕票」、「巨額贖金」，我更加感念那兩名善化男子。二十三年前那夜，他們的善心化解了一個十四歲初中生的困境，他們的善意在我荒瘠的心田種出一朵朵溫馨的信念。而今，我依稀長成他們當時年紀，也立志做個散播善念與關懷的中年男子。

在微晃輕溫裡，自強號列車繼續的向臺南奔馳。（筆者）

肉 球

下午一時。中興號在高速公路向台北迅速奔馳。

我和老張並坐司機座後。

冷氣中，抵擋不住連上四堂課的疲累，我昏昏沉入斜斜座椅。

醒來。車過楊梅收費站。老張側臉直瞧窗外風景。對老張搭車從不睡，我戲稱他「無敵超人」「銅鑄羅漢」。他只是笑笑。上回，問他：「人又不是機器，怎可能不睏？」老張想了想，搔抓頭腦，最後慢慢道：「沒什麼。我太太一再叮嚀我搭車不要打瞌睡。保持清醒，以防萬一。」

挺起腰，我隨手翻開手邊報紙，社會版鉛字標題「植物人與安樂死」滑入眼底。瀏覽記者報導，電視畫面上植物人雙親蒼顏白髮淒苦神情無聲浮現腦海。我幽幽唱嘆。

「植物人可憐，家屬更可憐。植物人本身無知，一片空白，而家人就累了，要不眠不休照料。」

老張回過臉：「長久下去，會把全家拖垮。」

「看來人這大腦，千萬不能故障。」

老張緩緩按壓手指關節，接道：「所以，我騎機車，一定帶安全帽，馬虎不得。」

我望了望右前方路上前進的紅色轎車，心有所感：「話說回來，萬一，出什麼意外，要去乾脆一下子就走了，千萬不要變成植物人。」

老張沉思片刻，搖搖頭：「話不能這樣說——我不敢有這種想法。我家，就吃我這份薪水。孩子又小……」

我正準備接腔。

乍見紅色轎車插入內線道。

司機猛按喇叭，緊急煞車。

吱吱吱——

我臉色大變，血液直沖腦門，一顆心簡直跳出胸腔。

老張立即用雙手緊抱頭，下腹後縮，兩膝併攏，弓身貼靠，抱成一團肉球。

眼見近在咫尺，行將撞上，我不知如何是好。

「完了！」意念閃出。

紅色轎車倏地轉回右線。

「不要命！」司機叱道：「開車開昏頭！一定打瞌睡！」

暗暗捏了一把冷汗，驚魂甫定，我狠狠喘口氣。

老張慢慢放開手，打直身軀，坐回原姿勢。

車子繼續向前震響奔馳。綠竹、稻田、溪流、電線桿、民舍、工廠圍牆、自壓克力窗倏忽飄過。

待心緒平靜，斜睨老張。我好奇心起：「你幹嘛縮成一團，像肉球？」

「這樣，彈出去或劇烈撞擊，不會傷到腦。」老張面色凝重：「這樣頂多外傷或骨折什麼的，我還可以照顧一家大小。」（筆者）

簡　析

一、根據單幅圖，來寫故事，充滿創作的自由，也充滿挑戰高度。藉由圖形「觸媒」，由此展開「點、線、面」有組織的想像力。

二、一個圓形，起碼有二十三種（1.月餅，2.湯圓，3.餅乾，4.球，5.臉，6.筆筒，7.圓環，8.珍珠，9.太陽，10.月亮，11.鏡片，12.輪子，13.飛盤，14.蛋糕，15.蛋，16.汽球，17.杯口、碗口，18.水果，19.燈泡，20.錶面，21.頭，22.門把，23.電扇。參黃秋芳《穿上文學的翅膀》）以上的聯想。因此，務必確定聯想對象（自由命題），才能在「定、靜、安、慮、得」中，娓娓道出故事來。

三、大抵圓形聯想對象，必定是最主要的景或物，亦即兼具重要功能的道具（關鍵意象），藉此發展「聚焦、牽動、衍生」情節的作用，才容易寫出饒富興味的作品。

四、此題一般用來「看圖寫童詩」，可參林孟容〈圓的聯想〉（黃基博《含苞的詩蕾》，頁七九）、林尚儒〈乒乓球〉（黃秋芳《童詩旅遊指南》，頁五五）；或「看圖寫短文」，可參林明進〈看圖寫作〉（《理解與分析的寫作》，頁二八～三一）。

看圖作文新智能

題目五

依四幅圖順序，寫一百字以上的故事。

1 　豬弟弟今天獨自一個人在家，因為老師交代的功課做完了，家裡的玩具也玩膩了，媽媽又要他乖乖看家不能出去玩耍。豬弟弟一個人在家裡悶到發慌，於是開始幻想自己有一個皇堡，用積木建造，自己是裡面的國王。

　　正當他想得很得意時，門鈴突然響起，打斷豬弟弟所有幻想。豬弟弟開始緊張，媽媽說不能幫陌生人開門，有可能是壞人。豬弟弟懷著相當緊張的心情，戰戰兢兢把門打開。哦！爸爸的出現讓豬弟弟鬆了一口氣，原來爸爸今天提早下班。爸爸說今天是豬弟弟的生日，要給豬弟弟一個驚喜。於是，從背後拿出一盒白色的箱子。

　　豬弟弟接過爸爸手中的禮物，興奮得快速拆開盒子。一看，就是剛剛幻想中的積木耶！豬弟弟心裡想：「我可以建造自己的城堡了。爸爸跟我真是心有靈犀一點通！」看到豬弟弟這麼興奮，爸爸的嘴角禁不住也45度揚起。（陳靜雯）

2 　今天是聖誕節，豬小弟的家人卻買不起聖誕樹，於是他正想像自己是一位偉大的建築師，把爸爸送給他的一套玩具積木組裝成「威尼斯」的水上拱橋，想把這棟建築物送給豬爸爸和豬媽媽當作聖誕節禮物。「哇！真是一座漂亮的橋啊！如果這座橋是位在一座優美的城堡中，然後我每天都能和爸爸媽媽一起滑著小船，環顧城堡四周美麗的風景，那該

有多好！可惜我沒有尖塔形的積木……」當豬小弟正苦惱這種形狀的積木應該跟誰借比較好呢？突然傳來一陣「叩叩叩！叩叩叩！」的敲門聲，豬小弟把門一打開。

「聖誕節快樂！豬小弟！」

原來是豬小弟最喜歡的老師——王老師。他手上拿著一盒禮物，笑咪咪地看著豬小弟。豬小弟驚訝到說不出話。

「別發呆了，豬小弟，趕快把禮物拆開來看看啊！」

「哇塞！」當豬小弟一打開禮物，他不禁大叫了三聲。裡面竟然有十個尖塔形的積木，他高興地整個人從地面上跳起來。

「我的城堡將大功告成囉！」豬小弟像得了冠軍似吶喊。

這是豬小弟收過最「神奇」的聖誕節禮物，也是豬爸爸和豬媽媽收過最驕傲的禮物。（陳姿君）

3 豬小弟一個人在家，心想：「我的夢想城堡到底何時才能完成呢？」忽然，有門鈴聲從豬小弟背後傳來。豬小弟高興的跳起來：「啊！一定是我的希望回來了！」豬小弟迫不及待地打開了門，迎面而來的是笑容滿面的豬爸爸。

豬爸爸直說：「兒子啊！快來瞧瞧爸爸帶了什麼好東西回來！」豬小弟歡呼地叫著：「耶！這就是我期待很久的『大堡柱』！」接著，豬小弟興高采烈地築好了城堡。

看著已完成的城堡，再看看禮盒中所剩的柱子，豬小弟一臉疑惑的表情：「爸爸，你買太多了喔。好像多了四根柱

子，而且有一根還特別大哩！」豬爸爸一聽，便說：「奇怪，我怎麼只看到了三根柱子？」

此時，豬小弟就像打了勝仗的將軍直嚷：「因為你就是第四根神秘的柱子呀！撐起了我們最堅固的家！」（楊于儂）

4 今天中午，胖胖豬沒有睡午覺，因為明天要參加「堆積木」比賽，他得要好好練習才可以。「要是得到了第一名，我可出風頭了！爸爸一定會好好獎勵我！我記得玩具櫃裡有一盒積木，拿來先練習一下！」

他在玩具櫃裡東翻西找，滿身大汗，好不容易從玩具櫃的最裡面拉出了一個小盒子。他把箱子放在地上，滿心期待的打開，「哇！好棒喔！沒想到過了這麼久，還是找的到！咦……好像少了很多耶？沒關係，我先來試試看好了！」

胖胖豬盯著這些積木發呆了好一會兒，決定嘗試這場比賽最難的題目「城堡」。他先在心中畫了一個藍圖，然後依照藍圖的位置，一一將積木擺好。

「真可惜！積木不夠，不能做『飛天塔』和『魔法角』了！哎！怎麼辦呢？我再去找一找玩具櫃裡有沒有好了……」

突然間，門鈴響了！

胖胖豬三步併做兩步，趕緊將門打開。「生日快樂！我的寶貝，你看爸爸帶了什麼東西回來啊？」胖胖豬很開心的接過禮物，急忙的打開它。「哇！是一大盒積木耶！太好了，這樣我就可以完成我的城堡了！」

看圖作文新智能

胖胖豬把剩下的部分做好後，和爸爸一起欣賞。

「地震！有地震！」胖胖豬突然大喊著！……

「胖胖，你怎麼睡在地板上啊？今天沒有睡午覺嗎？還把積木亂丟，快起來整理一下，要睡再去睡！小心會感冒！」媽媽一邊搖著睡眼惺忪的胖胖豬，一邊皺著眉頭說。（張惠如〈哇！有地震〉）

5　堆積木是豬小弟最拿手的活動，每回來家裡的客人見到他堆出一座座堅固雄偉的城堡，都舉起大拇指加以稱讚，他對自己的手藝也十分滿意。可是自從那次舅舅說：「城堡雖然堆得很棒，可惜少了士兵。」豬小弟堆起積木時就愈來愈喪氣了。舅舅知道自己一時失言竟讓外甥失去自信，偷偷買了一份禮物送去。豬小弟拆開後，發現是他日思夜想的士兵，高興的不得了！此後不僅堆出來的城堡重振往日雄勢，威風凜凜的士兵一站出來，更有畫龍點睛之妙。（許肇玲）

6　「爸爸怎麼還沒回來……」豬小弟獨自對著城堡積木自言自語。因為他不小心把哥哥最喜歡的一組士兵玩具搞丟了，要是哥哥回家發現不見了士兵，一定會生他的氣！所以他急著打電話向爸爸求教。但是時間一分一秒過去，卻一直等不到爸爸按電鈴的聲音。豬小弟一顆心七上八下，手心也冒出冷汗。「叮咚！」電鈴聲終於響起，豬小弟飛奔過去開門。「爸爸找了好久，才買到同一款的士兵組合。」爸爸說。「太好了！哥哥不會生氣了！爸爸，謝謝你！」豬小弟總算鬆了口氣。（許肇玲）

7 「啦……啦……」豬小弟邊哼著歌邊堆著樂高積木，一層一層細心疊出偉麗的城堡。「咦……士兵呢？」豬小弟忽然滿臉狐疑。昨晚電鈴聲響起時，他一如往常第一個跑去開門，卻發現爸爸手中多了一個盒子，爸爸說那是給他的驚喜，他打開一看：「哇！是士兵呢！」他高興地直跟爸爸道謝。可是好奇怪，他明明記得昨晚他把士兵跟積木放在一塊兒，怎麼現在卻不見蹤影？迷糊的豬小弟左思右想，就是想不起他到底把士兵放在什麼地方。（許肇玲）

8 爸爸媽媽去上班，哥哥們也都去上學了。豬小弟一個人在家，玩著他的積木。堆來堆去，豬小弟最喜歡的就是這個城堡的造型了，可是就光一座城堡，看起來總是怪怪的，也玩不起來。所以昨天晚上，爸爸問他想要什麼新玩具時，他毫不猶豫的，就選擇了玩具兵。「這樣一來，城堡看起來就雄壯威武多了，而且，也可以隨時來一場城堡攻防戰！」豬小弟心想。

　　等待的時間好漫長，「爸爸怎麼還沒回來？」為了迎接玩具兵，他已經把城堡拆了又堆，堆了又拆，疊得整整齊齊，一次比一次穩固。終於，有人敲門了，但是豬小弟不敢馬上去開，一直到門後面傳來爸爸的聲音，他才放心。

　　爸爸的手上拿了一個盒子，豬小弟一看就知道那是他的玩具兵。以前他總是盯著玩具店裡的這個盒子，不勝羨慕之情，現在終於拿到了！豬小弟高興得大聲歡呼。他把玩具兵一個一個拿出來，仔細端詳，再把它們分配到城堡的各個位

置。哇！盒子裡的玩具兵比想像中多呢！太好了，以後即使一個人在家，他也不會覺得無聊！（張嘉芸）

簡　析

一、四幅圖依序寫故事，最常見的寫法是「起、承、轉、合」（第一幅起、第二幅承、第三幅轉、第四幅合），如此一來，結構分明，脈絡清晰，很容易言之有物，言之有趣的故事。

二、「起承轉合」中，說故事的本領，正在於「轉」和「合」。因此，如何製造懸疑，形成波瀾？如何順勢變化，揭示結局，在在考驗學子「掰」故事的本領。七例中，以第三、四例最為趣味橫生，引人入勝。

三、看圖仍宜注意圖中人物身分。以第二例而言，文中寫敲門的是豬小弟最喜歡的「王老師」，恐太過意外，或然率不高。仍以「爸爸」較為適切。

題目六

●●●● 看圖寫故事 ●●

1

2

3

4

依四幅圖順序，寫一百字以上的故事。

163

看圖作文新智能

1 　今天是陽光暖暖，有風輕輕的好日子。我跟著媽媽和三個弟妹一起出門。一路上，我們用蹼向大地打招呼。一些好奇的泥土，還跟著蹼一起去旅行。到了河邊，媽媽唱起：「一隻小鵝一張嘴，兩個眼睛兩條腿，噗通——噗通——噗通——噗通——」我們自動隨著「噗通」聲，一一投入小河的懷抱。

　　「噗通——」哇！最後連媽媽也跳下水了，小河還以一個大大的水花歡迎她呢！（陳志瑋）

2 　我喜歡帶孩子出門散步。

　　他們有時漫無秩序，隨性天真；有時一列縱隊，整齊昂揚。

　　他們也喜歡玩水，我們經常到河裡玩角色扮演的遊戲。

　　有時他們是戰艇，而我是航空母艦；有時他們是小蝦米，而我是大鯨魚；有時……。我相信我絕對是一個新好男人、好爸爸。（陳志瑋）

3 　村子裡的第八屆選美大會即將來臨，鵝媽媽一向以自己的四個孩子為榮。然而趕在比賽前夕，鵝媽媽仍要對他們展開特別訓練：「最重要的是走路的姿勢！」鵝媽媽叮嚀著。她讓小鵝們排成一列，昂首闊步練習走直線。當他們走到湖邊，鵝媽媽讓孩子們一個接一個的進入湖裡。

鵝媽媽向孩子們叮嚀選美比賽的第二要訣，就是要有優美的泳技。於是她讓孩子們排練了一次她精心設計的「天鵝湖」這齣水上芭蕾。對這次選美比賽，鵝媽媽越發的有信心了。（蔡妮君）

4 今天外頭的天氣很晴朗，所以鵝老師決定帶著全班小朋友到戶外進行教學活動。小鵝們聽到了都非常興奮，紛紛圍著鵝老師打轉。首先，鵝老師教導小朋友如何踢正步。「一二一，一是左腳二是右腳，踢踢踢！」小鵝們都整齊地抬起腳來行進。接著，鵝老師帶小鵝們到池塘邊，為他們解說池塘中的生物。小鵝們聽得興味盎然，紛紛探頭到水邊觀察。鵝老師覺得小鵝們今天的表現非常優良，秩序也很乖，就決定說一個關於黑森林的故事給小鵝們聽。小鵝們便團團地包圍住鵝老師，津津有味諦聽她開始說故事。（陳芳莉）

5 小白是一隻得到突變巨大症的鵝，他的身體一般小鵝的三倍大。但是小鵝們並不因此而排斥他，還經常找他出去玩，因為有這種「同理心」，所以動物王國裡的氣氛一直都非常和樂。有一天，他們決定利用難得的好天氣，幾個好朋友一起到池塘邊玩耍。一路上，他們愉快前行，昂首闊步，精神奕奕。到了池塘邊後，小白說：「我們來猜拳，輸的人要說一個笑話給大家聽。」經過數回的激戰，最後由小白慘遭猜輸的命運，於是，他便在池塘裡，說起了一個關於羊奶奶的笑話：「有一次……。」（陳芳莉）

6 有一天，鵝媽媽召集了四隻小鵝，對他們說：「你們已

經長大了，今天，媽媽要教你們學游泳，你們一定要好好的學唷！首先，先抬起你們的右腳。」鵝媽媽一個步驟一個步驟地教導小鵝們，而小鵝們也非常用心地學習。到了池塘邊，鵝媽媽先為小鵝們說明池塘的特性，以及游泳時必須注意的事情。有幾隻小鵝在媽媽講解時，忍不住把頭探到水裡，想試試看自己的能耐。最後，小鵝們在鵝媽媽的教導下，紛紛地跳下池塘裡，非常沈穩地浮在水面上。鵝媽媽實在太欣慰了，由於小鵝們用心學習，讓她覺得一切的辛苦都值得了。（陳芳莉）

7　炎熱的鄉間小路上，陣陣的呱呱聲此起彼落。鴨媽媽帶領小鴨們愉快的散步著。走著走著，眼前出現一池清澈的湖水，小鴨們迫不及待得想跳進水裡嬉戲，鴨媽媽不放心的先向孩子們叮嚀注意事項之後，這才帶著小鴨一同享受冰涼的湖水。（謝玉祺）

8　「這麼熱的天氣快要熱死了。」一群小鴨嘰哩呱啦的討論著。「如果你們表現好，待會我讓你們去玩水。」鴨媽媽話一說完，小鴨們個個自動入列，像極了有秩序的小士兵。在看到清澈的湖水之後，小鴨們興奮不已得跳進水裡，和鴨媽媽一同玩樂。（謝玉祺）

9　小鴨無精打采地漫步著，當鴨媽媽詢問：「誰是最棒的鴨子啊？」「當然是我們啊！」小鴨們搶著回答，並以具體行動證明自己的優秀。「那麼現在該是你們展現本領的時候了。」鴨媽媽示意著小鴨們下水游泳，在鴨媽媽的帶領下，

小鴨個個展現最棒的天賦。（謝玉棋）

10 鵝媽媽答應帶小鵝們出去游泳。小鵝們都興奮得不得了。馬上乖乖排成一排，步伐一致，前進池塘。到了池塘邊，鵝媽媽再三叮嚀小鵝們注意安全。小鵝們沒等媽媽說完，就跳進池塘，開心的玩起水了。鵝媽媽只好在水裡，繼續她的「精神訓話」。（鍾芳庭）

11 今天是我的家庭日，平常忙碌的爸爸，終於有空帶我們去游泳了。我和哥哥們一步一步的數著，希望能快點看到池塘！今天終於美夢成真了。哇！池塘的水真涼！夏天，就是要在水裡度過，才叫舒服！哥哥們抖著身體，直嚷著：「真的耶！」冰涼的水，再加上爸爸有趣的故事，我覺得好快樂、好幸福喔！（林宜慧）

12 天鵝媽媽正帶著一群小天鵝前往湖邊戲水，小天鵝都很高興，不過小天鵝相當的調皮，東一隻西一隻的到處亂走。

這時天鵝媽媽覺得小天鵝實在太調皮了，於是要求小天鵝排隊排好，有秩序的往湖邊前進，一二、一二……的往前走。

終於到了湖邊了，天鵝媽媽先在湖邊交代下水前要注意的事項，但有兩隻小天鵝已經受不了玩水的誘惑，先跳下水了。

在下水之後，天鵝媽媽細心的告訴小天鵝游水的技巧，而小天鵝也乖乖的圍著圓，專心聽著，一家和樂溫馨。（鄭俊尉）

看圖作文新智能

13 初春的陽光，懶洋洋地斜照。鵝媽媽帶著群鵝仔，漫步於河岸，打算去池塘郊遊。小鵝們興奮地抬頭享受久違的暖意。伴隨著和煦的微風，牠們愉快地列隊向前踏步。走著，走著，來到冰雪初融的池塘。小鵝們看著池子上的浮冰，滿懷疑懼的目光，看著母親。牠們實在不想下去冷冰的池塘，鵝媽媽就在小鵝們遲疑的剎時，啪地一聲，揮翅將牠們一一推下去。大夥窩在一起，汲取彼此身上的溫度，漸漸的，牠們享受著初春的片刻歡愉，迎接今年第一次的「冰泳」。（劉貞宜）

14 一個風和日麗的早晨，鴨媽媽看著萬里無雲的大好天氣，決定帶幾隻羽毛未豐的小寶貝們到附近的池塘中游游水，也讓這群還沒有接觸過池塘的「旱小鴨」，嚐一嚐池水凜冽宜人的清涼氣味。

　　一路上，四隻小鴨子昂首闊步地在小道上行進。鴨媽媽見了，笑在心裡，心想：「這幾隻小毛頭，連水都還沒碰過呢，卻學起那一副昂首闊步的神氣樣。」雖說內心發笑，鴨媽媽依然是細心呵護地看著幾隻小寶貝，深怕一個不小心，出了些什麼意外。

　　很快地，到了池塘邊，幾隻小鴨子們探頭探腦地看著眼前這一片從未見過的湛藍，不免多少心生畏懼。鴨媽媽這時只好彈起她那三寸不爛的「鴨舌」，說服著小鴨們，在池水中游泳事件多麼愜意又舒服的一件事。

　　終於，小鴨們被說動了，一隻隻迫不及待地跳下水。圍

繞在鴨媽媽的身邊，一家人和樂融融地享受著這美好的時光。（馬浩翔）

簡　析

一、看圖寫故事和看圖寫短文不同，前者是小說，後者是散文，文類明顯不同。似此練習，許多學子往往忘了重點在「掰」故事。如依圖示意，直接描述，勢必缺少情節的變化。

二、敘事觀點，可以是全知（外聚焦），如第七、十、十二、十四例；也可以是偏知（內聚焦），從小鵝的觀點（第一、第五、十一例），或鵝媽媽的觀點（第三、六例），或鵝爸爸的觀點（第二例），或鵝老師觀點（第四例）出發。

三、較有想像力的合格之作，當推第三、五、十三例。

題目七

看圖寫故事

依四幅圖順序，寫一百字以上的故事。

1　妹妹一邊吃棒棒糖，一邊看電視。看著看著，不知不覺中進入夢鄉。

夢中，妹妹來到一片原野。原野上，草青花豔，蝴蝶飛舞，蜜蜂穿梭，美得像日曆上的歐洲照片。

忽然，一群蜜蜂戰士發現妹妹手中握有香甜的蜂蜜棒棒糖，於是發動銀針攻勢。妹妹在一波波的猛烈攻擊中，針中無數，淚流滿面。

在掙扎求饒中，妹妹自椅子跌下，猛然驚醒。驚醒後，妹妹看著掉落一旁的棒棒糖說：「我以後再也不敢吃棒棒糖了。」（陳志瑋）

2　小香告訴時空轉換機：「我希望一覺醒來，人在陽明山上。」時空轉換機發出「滴滴滴」的聲音，表示訊息已接收。小香於是拿著棒棒糖，安心的進入夢鄉。

一覺醒來，小香發現自己真的在陽明山上。綠色的大地被陽光烘得暖暖的，微風吹過，她彷彿在綠色的搖籃中輕晃。

「一切是這樣的美好！」小香開心的大叫。可是這一叫，不但引起蜜蜂的注意，還引來一些蜜蜂土匪，攜帶毒針，預備搶奪小香的棒棒糖。就在千鈞一髮之際，小香及時召喚時空轉換機，將自己送回房間。

驚魂甫定的小香，望著和自己一起歷劫歸來的棒棒糖，感慨的說：「唉！真是『糖』不露白呀！」（陳志瑋）

3　有一個很愛吃糖果的女孩，隨時隨地都要吃著糖果。這一天，她邊看著卡通，邊吃著她最愛的草莓口味棒棒糖，看著看著便不知不覺的睡著了。

　　她夢到自己來到一座美麗的花園，有如茵的草地和開得滿地的花朵。於是，女孩很開心地玩耍，她用自己的棒棒糖的草莓香氣，吸引了許多蝴蝶圍繞在她身旁非常開心！

　　沒想到棒棒糖的香氣竟然也吸引來一大群蜜蜂，牠們蜂擁而至地追著女孩，蜜蜂的蜂針扎痛她，女孩大叫「哎唷！」她一直跑一直跑，蜜蜂也一直追一直追……。

　　「碰！」的一聲，女孩睜開眼發現自己跌坐在地板上，原本在手裡的棒棒糖也掉在一旁。「原來只是一場夢！」想起剛剛的夢和嘴裡隱隱發疼的蛀牙，她決定：以後一定要少吃點糖果！（蔡妮君）

4　看著電視的小英，竟然不知不覺得帶著棒棒糖進入了夢鄉。「哇！好漂亮的花園、蝴蝶和蜜蜂。」小英興奮得說著。突然間，一群來勢洶洶的壞蜜蜂，正用屁股上那根可怕的針瞄準小英猛烈進攻，嚇得小英哇哇大哭，後來才發現這原來都是一場夢。（謝玉祺）

5　電視機前享受著棒棒糖的小美，一不小心睡著了。她夢到花園裡有好多蝴蝶蜜蜂和她玩耍。忽然飛來一群可惡的蜜蜂朝著她猛叮，嚇得她眼淚直流醒了過來。當小美看到地上

的棒棒糖，認為那些蜜蜂原來是要來和她搶棒棒糖。從此以後，她再也不吃糖果了。（謝玉祺）

6 「蝴蝶蝴蝶生的真美麗……」聽著兒歌的小圓竟然拿著棒棒糖睡著了。「好多的蝴蝶和花仙子喔！」小圓高興的在花園裡賞花。突然間蜜蜂聞到棒棒糖的香味，爭先恐後的飛過來要和她搶棒棒糖，嚇得她哭了出來。醒來的小圓看著地板上的棒棒糖，才發現這原來都是一場夢。（謝玉祺）

7 小妹看著電視，睡著了。甜甜的棒棒糖，帶著她進入一個充滿花朵的世界。看著滿地的花朵和飛舞的蝴蝶，小妹覺得自己變成了花王國的公主。沒想到蜜蜂竟大軍來襲，要傷害她。她又是痛，又是怕。在掙扎之間，最後從夢裡醒來。看著棒棒糖，小妹好生氣。為什麼送我一個美麗的惡夢？（鍾芳庭）

8 芳芳和莉莉是一對雙胞胎。有一天中午，芳芳一邊吃著爸爸給的棒棒糖，一邊看電視，結果不小心睡著了。同一個時間，莉莉也拿著爸爸給的棒棒糖，到花園裡玩耍。看到許多漂亮的花朵及高大的樹木，她非常興奮，還伸手去摸樹上的葉子。結果不小心把蜜蜂巢打翻了，被一群蜜蜂瘋狂包圍。她心裡非常害怕，一直大叫：「不要叮我，不要叮我！」在家裡睡覺的芳芳，睡到一半突然嚇醒了，連棒棒糖也不小心掉在地上了。也許這是雙胞胎心意相通的緣故吧！（陳芳莉）

9 電視機裡正播放著卡通影片，妹妹看得太入神了，一不

小心睡著了。睡覺時，她夢見自己走到一個神秘的空中花園，裡頭有各式各樣特殊的花朵，每一朵的形狀都不一樣，生活在裡面的動物，都快樂地飛翔。但不知道是什麼緣故，一群蜜蜂突然包圍著她，瘋狂地螫起她來，妹妹很緊張地大聲哭號。「哇！不要叮我！」妹妹嚇得驚醒過來，才知道這是一場惡夢。可是她的棒棒糖，已經因為她的惡夢而掉在地上，無法再吃了。（陳芳莉）

10 大眼妹妹本來邊吃著棒棒糖邊看著電視，但看著看著就睡著了，進入了一個夢境……。

　　大眼妹妹進入了一個藍天白雲，花團錦簇的美麗世界，還有可愛的蝴蝶和蜜蜂圍繞著她，大眼妹妹高興得把棒棒糖丟到一邊。

　　就在大眼妹妹盡情的享受著美麗的景色時，突然周圍蜜蜂的性情大變，攻擊大眼妹妹，嚇得大眼妹妹花容失色，讓她從夢境中驚醒。

　　大眼妹妹還未能從恐怖的夢境回神過來，也還沒發現她的棒棒糖掉到地上……。（郭俊尉）

11 星期三下午，提早放學，阿珠飛快地回到家。她窩在舒適的綠色沙發椅上，拿著剛拆封的棒棒糖，漫無目標地轉換電視頻道。隨著電視畫面規律地跳閃，阿珠全身放鬆，身體陷入沙發裡，逐漸地向下沉……。

　　阿珠來到了一片軟綿而一望無際的綠色草原。在綠油油的草叢裡，點綴著好多種不知名的花朵。阿珠看著這些鮮豔

而美麗的花兒，她走了過去，伸出手想去摘。突然間，在她身後來來了群翩翩飛舞的蜂蝶。牠們看到阿珠的舉動，便衝上去，給阿珠一陣「甜蜜的觸擊」。砰一聲，阿珠撫著酸疼的身體，發現自己的棒棒糖掉到很遠的地上。看看四周，自己仍然在家中，原來剛剛是做夢。（劉貞宜）

 簡　析 ◀

一、故事三要素是：人物、情節、場景。人物：妹妹、小香、愛吃糖的女孩、小英、小美、小圓、芳芳、莉莉、大眼妹、阿珠等。情節：做夢。ｚ代表打瞌睡。場景：蝴蝶、蜜蜂飛舞的花園。

二、由於題目要求一百字以上。有的學子就寫一百多字。但這樣的作品，往往流於概括敘述（四、五、六例），未能詳細描寫，塑造生動情境（第一、三、十、十一例）。因此，若希望作品能詳加刻劃描寫，宜限定字數兩百字以上。

三、就構思而言，第二例介入「時空轉換機」，第四例自「芳芳和莉莉是一對雙胞胎」展開，跳出一般對示意圖的制式反應，較具創意。

看圖寫詩

〔題目一～題目三〕

看圖作文新智能

題目一

●●●●● 看圖寫詩 ●●

根據圖形，寫一首童詩。題目可自擬。

參考作品 ◀

1　園遊會中，

　　撈魚攤的金魚最忙碌，

　　時時刻刻，

　　張著圓圓的大眼睛，

　　一會兒盯著網子閃躲，

　　一會兒抬頭想：

「多希望

魚鰭變成翅膀

飛向天空

溫暖的太陽」

2 升旗時

沒吃早餐的弟弟餓翻了

抬頭的視線沿著帽子

直盯著上國旗上的「白日」瞧

圓圓的腦袋瓜中

卻只映著

三明治裡的荷包蛋

3 吵架時

爸爸是大太陽

火冒三丈

媽媽是一把刀

刻薄尖銳

我則是無辜的小皮球

被踢來踢去

一會兒在刀口下逃生

一會兒閃躲陽光的曝曬

不過

我從來不為此受傷

因為

看圖作文新智能

爸爸的熱力

總是能將媽媽的刀溶化

4 賣水果的媽媽

推著空盪的推車

想著一整天的好生意

眉開眼笑

此時

就算高掛的是「刺眼的太陽」

她都能看成「微笑的花朵」

（一至四首林美如）

5 滿清政府手執刀槍

窮兇惡極砍殺

革命先烈的頭顱

以鮮血

潑灑出

一面青天白日旗（陳芳莉）

6 熾熱的豔陽照射地面

映得姊姊的圓臉充滿光輝

我想

脫去學士帽的她

一定可以

走出另一條光明大道（陳芳莉）

7 赤炎炎的大熱天

暑氣逼人

直叫人不能漠視

我全赴武裝的鴨舌帽

仍敵不過太陽的霸氣

熱得我全身渾汗如雨

滴答、滴答……（劉姮君）

8 紅紅的太陽高掛在天上，

熱得我直冒汗；

忽然好想念媽媽

在晚餐後切的，

紅紅的西瓜。（劉上寧）

9 切成八大塊的pizza啊！

老師說

八分之四的你　會等於

四分之二的你　也等於

二分之一的你

切成八大塊的pizza啊！

我說

八分之四的你　是哥哥先搶走四塊的戰利品

四分之二的你　是我和妹妹平分得來的小點心

咦？怎麼和老師算的都不一樣啊！

二分之一呢？

喔！

那是我一半的心思上著課

一半的心思想著午餐的心情。（陳劼謐〈數學課——分

數〉）

10 滾著大輪子的手推車

在黑漆漆的夜裡行走

聰明的工人

在推車前裝上燈泡

彷彿天上掉下來的小太陽

在伸手不見五指的小徑上

指引著回家的路（林記民）

11 熱熱的太陽

冷冷的刀子

比賽著

誰能將西瓜

逼出

一身汗！（陳怡君）

簡 析

一、看幾何圖形寫詩，難度較高，卻可以讓學子馳騁想像，

激發創意。相較於寫實圖形（實物、照片），幾何圖形

確實較能檢視創思「認知」的敏覺力、變通力、流暢力、精進力、獨創力。

二、幾何圖形可分開來看。左上方，可以是「太陽」、「國旗」、「小燈泡」；中間，可以是「刀子」、「學士帽」、「鴨舌帽」、「撈金魚的紙網」；正下方，可以是「荷包蛋」、「小皮球」、「頭顱」、「圓臉」、「西瓜」、「披薩」、「大輪子」等。其次，也可組合來看。如中間和正下方可以組合成「手推車」。

三、就比喻的相關運用而言，以第三例最精彩；通過相似而接近的聯想（「爸爸是大太陽」、「媽媽是一把刀」、「我是無辜的小皮球」），寫出家庭中的「戰爭與和平」。就擬人而言，以第十一例最短小精悍。全詩將「太陽」、「刀子」、「西瓜」統一在「競賽」律動情境，堪稱是《伊索寓言》中「太陽和北風」故事的童詩版。

看圖作文新智能

題目二

根據圖形，寫一首童詩。題目自訂。

1 彩蝶是舞中的高手

　　輕輕一躍　一蹬

便在細微的花蕊上

展現

穩健而曼妙的舞姿

2 蝴蝶是白馬王子的化身

乘著微風的翅膀

飄到花仙子面前

輕輕地一吻

便喚醒沈睡中的她

哇！

大地也跟著甦醒了呢！（一、二首陳芳莉）

3 蝴蝶是個愛吃的老饕，

春天的花兒

散發陣陣清香，

當我們走近，

卻發現，

牠已搶先一步

大快朵頤。（劉上寧）

4 六月，

鳳凰花開的季節。

頭頂著驕傲的殊榮，

是我努力學習的見證。

離開並非結束，

而是轉投未來的擁抱。

將有一天，

我會成為明日之星。

如日中天，

散發光彩。（劉姮君）

5 蝴蝶與花兒是最好的一對朋友。

花兒總不忘幫蝴蝶準備點心，

蝴蝶也會替花兒傳宗接代。

他們永遠相親相愛。（黃瑗瑗〈蝶與花〉）

簡　析

一、看到「蝴蝶」與「花」，一般都會以「蝴蝶」為主體，「花」為客體，展開想像。最常見的仍是通過比喻（第一、二、三例）、擬人（第四例），發揮「人情世態」的可愛想像。當然，也可以進一步顛倒過來，以「花」為主體，「蝴蝶」為客體，形成不同的視角、不同想法，寫出異於常人的詩作。

二、最精進的寫法，則掌握「蝴蝶」與「花」的互動關係（互為主體），自「蝴蝶」的角度看花，也自「花」的角度看蝴蝶，形成更寬廣更靈活的視野（第五例）。於是在比喻或擬人之餘，往往結合「回文」的表現手法。以林煥彰〈蝴蝶和花〉為例：

蝴蝶是會飛的
花，花是
不會飛的蝴蝶。

花是不會飛的
蝴蝶，蝴蝶是
會飛的花。

蝴蝶是花，
花也是蝴蝶。

寫出「蝴蝶」與「花」的動靜差異，也寫出兩者的共通
類比，洵為精彩小詩。

看圖作文新智能

題目三

根據楓葉圖形，寫一首童詩。

1 楓葉喜歡在秋天時喝酒，

喝醉後，

東倒西歪的。

沒辦法站起來，

只好躺在地上，

任憑秋風擺佈。（陳舜君〈楓葉〉，文德國小）

2 秋姑娘要走了，

大家換上厚厚的毛衣，

準備迎接冬伯伯的到來；

只有楓樹還依依不捨，

伸出它紅紅的手掌，

大叫：

「別走！別走！」（劉上寧〈楓葉〉）

3 嘿 風度翩翩的秋先生來了

他輕輕的吻了楓小姐一下

她羞得臉都紅了

心兒撲通撲通的跳著

風小弟吹起優美的旋律

秋先生拉起她的雙手

跳起華爾滋

你瞧

楓小姐的臉更紅了（張惠如〈楓葉〉）

簡　析

一、所謂「意翻空而易奇，言徵實而難巧」，在看圖寫詩亦然。尤其面對「寫實」的景物、靜物，務必換個角度，換個不同表現手法，才能跳脫限制，化靜態為動態，化情境為鮮活律動，展現創意。

二、其中最能「翻空易奇」，最有效的手法為擬人。經由擬人情境的設定，心理的揣摩（第一例、第二例），對白的呈現（第三例），營造出栩栩如生的「有情」世界。

三、其次，真正高手在看圖，擅於由遠而近，由外而內，由高而低，層層進進。如林柏伸（臺北市建安國小四年十一班）〈誰知道秋天來了〉：

飛得高高的風箏問：

「誰知道秋天來了？」

一簇金黃的稻子笑彎了腰說：

「我知道！」

一叢銀白色的蘆葦搖著白髮說：

「我也知道！」

一朵朵清香的菊花搶著說：

「我早已知道了！」

一片片飄落的楓葉紅著臉說：

「其實是我最先知道。」

　　全詩在擬人的基礎上，掌握了空間的秩序，由高而低，層層推進，描繪出秋天「金黃」、「銀白」、「紅」的彩色世界，也帶出嗅覺的「清香」，確實是篇佳作。

看圖
造句

〔題目一～題目八〕

題目一

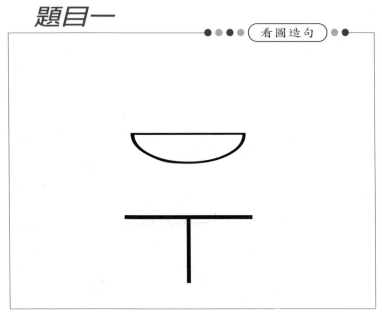

看圖造句

看圖造句。五十字以內。

參考作品

1. T字釘將半圓形的板子釘在牆壁上。

2. 色男人看到女人的丁字褲總是咧嘴微笑，噁心死了。

3. 戴上安全頭盔，牽著滑板車，小賓又去公園玩了。

4. 媽媽用炒菜鍋蒸蛋，為了怕烤焦，媽媽每過一會兒就要用特製的溫度計去測試蒸蛋，看看熟了沒。

5. 品酒師用T形器具將軟木塞拔除，接著將酒倒入半圓形

的酒杯中，讓客人品嚐。

6 半圓形加上倒T形，就成了高腳杯了。

7 毛毛的狗死掉了，毛毛為牠用鋤子挖了一個坑洞，好安葬小狗狗。

8 店家總會將當季新衣掛在衣架上，並標上售價牌子，好讓客人一目瞭然。（一至八例張雅雯）

9 現代的女性流行穿低腰內褲，性感的丁字褲來吸引男人。

10 弟弟開心的在草地上玩竹蜻蜓。

11 竹蜻蜓往上飛，大家開心的笑了。

12 哈利波特搶到會飛的鑰匙，他開心笑了。

13 哆啦A夢的百寶袋裡有許多寶物，其中一樣是我最喜愛的竹蜻蜓。（九至十三例林文儀）

14 竹蜻蜓在快樂的小朋友嘴前，悠遊盤旋。

15 九二一地震所造成的牆角裂縫，在燈下照得格外醒目。

16 在我家的陽台柵欄外，隱約可以看見半個太陽。

17 我家的雨傘頂被大風吹走了，徒留一身傘架。（十四至十七例葉金鷹）

18 開朗的人永遠笑口常開，悲觀的人往往向死胡同裡鑽。

19 今天真是幸運，在躲雨的時候遇到一位很久不見的國中同學。

20 加油站的加油員，往往笑口常開的幫你加油、幫你刮玻璃。（十八至二十例黃志銘）

21 換個角度看，「此路不通」有可能又是另一條三叉路。

22 敵人像一把銳利刀子，不小心就會被割傷；朋友像一座天平，隨時提醒我們。

23 每個人心中都有一座天平，總是在深夜的時候越明顯。

24 太陽剛剛露出半邊的臉，不一會兒的時間，大家都撐起雨傘來了。

25 小鳥飛啊飛，飛累了，就停在樹枝休息。

26 竹蜻蜓帶我飛過無數個快樂的童年，月亮載我飛過無數個失眠的夜晚。（二十一至二十六例楊文鳳）

27 我最大的心願，就是從小叮噹的口袋偷走竹蜻蜓，然後開開心心地環遊世界去。

28 在柔美的燈光催情下，如果又配上一頓兩人特有的燭光晚餐與甜言蜜語攻勢，誰逃的了呢！

29 早上習慣在洗臉盆前，拿刮鬍刀刮刮鬍子，順便整理一下儀容才出門。（二十七至二十九例蘇郁棠）

30 小叮噹的四度空間袋和竹蜻蜓是每個小孩童年時的夢想。

31 每到過年的大掃除，媽媽都會拿著長柄抹布清理日光燈上的灰塵。

32 老師請值日生用拖把將走廊上的積水清乾淨，以免大家滑倒。

33 爸爸每天起床的例行公事就是在下巴塗上一層刮鬍泡後，再用刮鬍刀仔細刮乾淨。（三十至三十三例謝秉欣）

34 T型的刮鬍刀幫爸爸把下巴濃密的鬍子清潔的一乾二

淨，爸爸看起來神采奕奕像是年輕了二十歲。

35 竹蜻蜓飛旋在烏絲燈下，紓解開夜車的青青學子挑燈夜
戰的苦悶。

36 盤古佇立在地面上，伸開雙手頂著沉重的天，犧牲自己
奉獻給人類。（三十四至三十六例劉姮君）

37 飛碟正從塔台起飛！

38 小叮噹從口袋裡掏出竹蜻蜓給大雄用。

39 她微笑拿起高腳盤，把盤子裡的水果吃了個精光。（三
十七至三十九例周素瑩）

40 半個月兒高高掛，一隻竹蜻蜓劃過昏暗寂靜的夜空。
（張哲維）

41 面對桌上美食，不禁食指大動，夾了食物，就往嘴裡
塞。（張哲維）

42 我站在罰球線內，對著籃框投籃。「咚」的一聲，空心
進籃，真是太強了。（陳秋蘭）

43 一艘小船從岸邊慢慢駛遠，向不知名的地方遠去。（陳
秋蘭）

44 溫室裡的日光燈照著小豆苗，我真期待它快快長大。
（莊佳陵）

45 傳說在陰森的森林裡，住著一隻單眼妖怪，總是吐著舌
頭，躲在路旁，嚇過路的旅客。（莊佳陵）

46 打氣筒真是個好幫手，不一會兒慶生會場已經充斥著各
種形狀的氣球，讓咱們的小壽星一進場，立即笑開了

嘴。（許肇玲）

47 那年秋天，我們騎著單車踏過長長的落葉毯，笑語灑滿
每一片木葉簾。（許肇玲）

48 炎炎夏日，弟弟最喜歡和叔叔到市場，一邊啃著半邊的
紅紅西瓜，一邊吸吮著清涼的椰子，這般雙管齊下的消
暑方法，令人暑氣全消。（陳怡安）

49 奧運是全球的運動盛事，主辦單位往往會邀請傑出的運
動員在奧運台上，點燃起神聖的聖火，期許奧運順利。
（陳怡安）

50 小叮噹的竹蜻蜓承載著童年的夢想乘風飛翔，綻放出純
真稚嫩的微笑。（曹敏鳳）

51 生命中沒有絕對的平等，只有相對的平等，凡事應以微
笑面對，積極開創人生。（曹敏鳳）

52 我是個眼科醫師，每天最常做的，就是要指導人們把下
巴放到檢查器上讓我檢查眼睛，於是我畫了張簡圖。
（姚語歆）

53 小朋友開懷的笑著，握著甜筒，滿心歡喜等待著店員為
他填滿一球球的冰淇淋。（姚語歆）

54 T字部份的油膩解決了，從此你可以笑得更有自信！T
字部份油膩膩，你還笑得出來嗎？（謝芬妃）

55 一片大西瓜，擺在桌子上，是媽媽幫妹妹準備的點心。
（謝芬妃）

56 小叮噹又從口袋裡拿出竹蜻蜓，幫助遲到的大雄及時趕

到學校。（鍾明雯）

57 即使太陽被烏雲遮住了一半，愛漂亮的女生還是不願受到一點點紫外線的照射，堅持撐著陽傘。（鍾明雯）

58 盜獵者拿起弓箭，瞄準在沙灘上舒舒服服躺著的小海豹，心裡非常高興。（劉靜徽）

59 貪吃的阿弟竟然把竹蜻蜓當成冰棒舔了起來。（曾琬茹）

60 筷子上的麵條好香好Q，我張開大嘴，真想一口把它吞下去。（陳鈞惠）

61 亮晃晃的削皮刀快速前進。奄奄一息的半片蘋果，堅持守衛，僅存的殘破戰衣。（林玟君）

62 小叮噹拆下便利竹蜻蜓，踏入險境，尋覓被大雄藏匿的半個心愛銅鑼燒。（鄭雅云）

63 面對人心險惡的社會，唯有以微笑作為生命的盾牌，如此才是最佳的生存之道。（吳淑敏）

64 爸爸汗流浹背地爬上高腳梯，兩腳跨坐在最高一階的樓梯上，非常努力的想把壞掉的電燈泡拿下來，卻徒勞無功。

65 小叮噹的百寶袋裡有許多神奇的寶貝，包括魔法大鐵鎚、隱形T-shirt、啪哩啪啦碰手槍等，真是太妙了！

66 鬃獅寶寶睜著惺忪的雙眼，露出一排整齊的牙齒，旁邊還不停的滴著口水，真是一隻貪吃又貪睡的懶蟲。

67 我踮著腳尖，拿著網子向天空揮了揮，想摘取天邊的下弦月，但那遙遠的月亮就如童年的夢想一樣，只停留一

個晚上。

68 為了探索火星的居住環境，科學家們設計了探測系統，穿越太空降落在火星表面，以求早日解開那些生存的秘密。（六十四至六十八例陳芳莉）

69 炎炎夏日，拉把凳子，切塊西瓜，狠狠咬一口，呵！痛快！

70 穿西裝打領帶的人，若能笑口常開，人脈會更廣。

71 鄉下的孩子有的在放學後玩起竹蜻蜓，直到月亮高掛才回家。

72 隔著玻璃窗，看到一對父子在魚池邊餵魚，好不溫馨！

73 還在坐娃娃車的小弟，脖子上圍著小手帕，伊呀伊呀地向人打招呼，真可愛！（六十九至七十三例謝采庭）

74 小吃店生意清淡，昏黃的燈光下，只有空蕩蕩的桌椅，沒有客人來光顧。

75 阿姨切了一大片西瓜給我吃，這片西瓜真大，大到連普通桌子都放不下。

76 為了進軍雅典奧運，射箭隊的國手積極練習備戰，期待亞洲錦標賽得到好成績，順利拿到亞洲代表權。（七十四至七十六例涂文芳）

簡　析

一、看圖造句的竅門，在於先確定「示意圖」是什麼，再展

開合理敘述。以此圖上方 ⌣ 而言，可以看成：

1. 半圓形板子   2. 咧嘴、微笑

3. 炒菜鍋   4. 半圓形酒杯

5. 坑洞   6. 低腰內褲

7. 百寶袋、四度空間袋   8. 燈泡、日光燈

9. 半個太陽   10. 雨傘頂

11. 刀子   12. 小鳥展翅飛

13. 月亮、下弦月   14. 洗臉盆

15. 下巴   16. 飛碟

17. 籃框   18. 落葉

19. 西瓜片   20. 聖火

21. 小海豹   22. 半片蘋果

23. 半個銅鑼燒   24. 惺忪的眼睛

25. 魚池   26. 盾牌

以下方 ⊤ 而言，可以看成：

1. 釘子   2. 丁字褲

3. 特製溫度計   4. T形拔酒器

5. 鋤子   6. 衣架

7. 竹蜻蜓   8. 會飛的鑰匙

9. 裂縫   10. 陽台柵欄

11. 雨傘、傘架   12. 死胡同

13. 雨亭   14. 加油站

15. 三叉路   16. 天平

看圖作文新智能

17.樹枝　　　　　18.餐桌

19.刮鬍刀　　　　20.拖把、長柄抹布

21.塔台　　　　　22.罰球線

23.小船　　　　　24.小豆苗

25.打氣筒　　　　26.木葉簾

27.奧運台、塔台　28.檢查器

29.Ｔ字形　　　　30.弓箭

31.削皮刀　　　　32.高腳梯

33.網子　　　　　34.探測器

35.凳子　　　　　36.打領帶

37.玻璃窗

二、除了分開看之外，也可以合在一起看。如：

1.高腳杯（第六例）、高腳盤（第三十九例）

2.盤古（第三十六例）

3.單眼吐舌妖怪（第四十五例）

4.脖子上圍小手帕，伊呀伊呀張嘴的小弟弟（第七十三例）

題目二

看圖造句

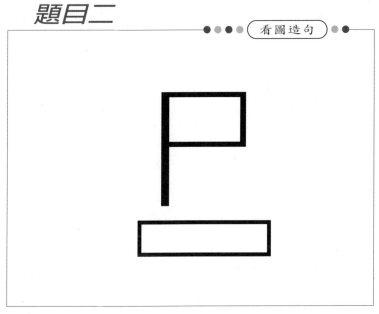

看圖造句，五十字以內。

參考作品

1. 獵人用銳利的斧頭，俐落地將森林中的樹木全都砍成木材，拿去兜售。

2. 每個禮拜三，我們都要在司令台前開朝會唱國歌，看國旗飄揚在天空中。

3. 媽媽用菜刀把紅蘿蔔切成一絲一絲的，再加上咖哩塊、洋蔥、雞肉、馬鈴薯，就成了一道道香噴噴的咖哩飯。

看圖作文新智能

4 吃完一條條的春捲，牙齒縫塞了很多東西，拿出牙籤來
 剔剔牙，真是舒服多了。

5 在模型板上，插上旗子的意義，就代表這塊地是我先找
 到的，是屬於我的，變成我的領地。（一至五例張雅雯）

6 每天的升旗典禮，導護老師都站在台上嘮叨，我只好看
 著國旗發呆。

7 道路上的路名標示，為眾多上班族帶來便利。

8 馬路上的紅綠燈，為大家提供一個安全的交通環境。

9 從人行道望過去，形形色色的招牌，好不熱鬧。

10 當跑道上第一棒偷跑時，裁判必須舉旗暫停比賽。（六
 至十例謝采庭）

11 放學時，經常需要兩位學生站在升旗台上將國旗降下。

12 在浪費紙張的同時，請想像一棵樹幹又被砍倒的景象。

13 權力的旗幟，往往是架設在棍棒的權威之上。

14 文明的旗幟站立高山上，卻不知高山終將夷為平地。
 （十一至十四例葉金鷹）

15 龍舟的旗幟正在手中飄揚，乘著水與風結合的快感，難
 忘到達目的地奪下旗幟的那一剎那，就是成就！

16 成績單發放的那一天，回家看到媽媽拿著菜刀切菜的模
 樣，不由得想到「人為刀俎，我為魚肉！」的畫面，而
 顫慄了起來！

17 奧運選手站在第一名的站台上，在異國聆聽著祖國國歌
 響起，摘下帽子的那一剎那，所有的淚水都化為感動與

榮譽！（十五至十七例林美如）

18 吸一根菸，就像手裡握了一支發了瘋的斧頭，不知自己的性命何時會斷送在它手裡。

19 竹子遠遠看見斧頭魔鬼朝自己走來，便趕緊倒地裝死，期盼逃過一劫。

20 風一來，把旗子吹離了平台，嚇得旗子僵直了身體，不知怎麼辦才好。（十八至二十例林宜瑾）

21 我把抓到的蝴蝶，全部做成標本展示，讓大家分享。

22 公車一輛接著一輛開過去，可是我等的人都不來，越等越心急。

23 人生就像一場高爾夫球賽，每一球，都將決定輸贏，要小心謹慎，不可疏忽。（二十一至二十三例楊文鳳）

24 眼看龍舟已過終點，鑼手竟然在最後關頭奪標失敗，與勝利女神擦肩而過。

25 愛心媽媽拿著長長的交通旗，站在斑馬線前指揮著正準備穿越馬路的我們。（二十四、二十五例羅于惠）

26 一列巴士停靠在公車站牌下招攬客人，紓解大都市中複雜的交通量。

27 大船掛起帆旗，在海中乘風破浪，快速前進。（二十六、二十七例劉妲君）

28 爺爺總是喜歡抽著煙斗拿著尺幫人家裁縫衣服。

29 自然實驗課，我們拿著杓子和量尺作測量水深度的實驗。（二十八、二十九例何敏瑜）

30 晚餐後，媽媽拿出菜刀準備將甘蔗切成三小段。

31 爸爸準備將旗子插在這塊地上以和別人家的地作區別。

32 媽媽將打好的麵糊小心的倒入模型中，烤好後大家就有
美味的蛋糕吃了。（三十至三十二例謝秉欣）

33 小時候經常為了作業做標本，拿著網子到處去捉蝴蝶，
結果最後都是拿壓在書本裡的楓葉交差，因為捉不到。
（蘇郁棠）

34 把各式各樣廣告原料倒進調色盤裡，才能畫出最動人的
篇章！（蘇郁棠）

35 樵夫舉起他的斧頭，用力地朝著只有碗口粗細的小樹砍
去。很明顯的，這棵樹無法承受樵夫用力的一擊。看
來，這棵樹的命運是注定要成為一堆飛灰了！（邱淙鉅）

36 漂流於荒島之上的約翰，做了一艘竹筏，而且在竹筏上
插了一根旗子，一方面可以測量風向，一方面做為求救
訊號。就這樣他踏上漫長而茫然的歸途。（邱淙鉅）

37 旗子對台子說：「可不可以讓我站在你的身上？不然我
無法直立身軀。」（謝芬妃）

38 少了一塊帆布，棍子永遠當不了旗子。（謝芬妃）

39 在揚帆的木筏上，張無忌和他的父母，乘風破浪，漸漸
遠離冰火島。（莊佳陵）

40 突如其來的大地震，將升旗台一分為二。（莊佳陵）

41 細瘦的竹子終於敵不過斧頭的鋒利無情，沉沉地倒地不
起。（許肇玲）

42 老闆的快刀迅捷俐落，黑黑長長的甘蔗不到一分鐘便褪去表皮肢解完畢。（許肇玲）

43 經過不停的阻撓，屬於我們的國旗何時才能插在釣魚台上呢？（紀政安）

44 點火的沖天炮以很快的速度掙脫了地面的束縛，飛向天際。（紀政安）

45 無風的夜晚，潛水艇悄悄浮出海面，迅速轉動望遠鏡仔細觀察敵勢。（陳怡君）

46 刀一次一次落在砧板上，刻出了細細小小的痕跡，也刻出廚師輝煌的歲月。（陳怡君）

47 今天上美術課的時候，老師發給每個人一雙筷子，我便突發奇想把它們作成我們的國旗。

48 在賽車場上，都可以看到有人揮動著旗子，告訴我們比賽已到最後的緊要關頭。

49 爸爸放假的時候，總是帶著他的釣魚用具到海邊去釣魚。（四十七至四十九例黃志銘）

50 哥哥希望有朝一日能夠成為飯店的主廚，於是他對「切」、「雕」、「刻」一些刀子功夫，下盡苦心。（陳怡安）

51 一聽到國旗歌響起，頑皮的弟弟也趕緊將手中的木棍丟下，立正站好。（曾琬茹）

52 我要在這塊巧克力餅乾插上我的旗子，誰也不能搶走它。（陳鈞惠）

53 在起跑線的這方，我彷彿看到終點站的勝利之旗向我賣力的揮手，等待我取得最終勝利。（鄭雅云）

54 方正的大樓建築群前，一塊綠油油的草皮，點綴了都市叢林，帶來些許的自然清香。（林玟君）

55 哨聲一響，我便開始奮力往終點線邁進，只為取得那代表勝利的旗子。（陳秋蘭）

56 大家在同一起跑線上，朝著自己所設定的那個標竿，努力邁進。（張哲維）

57 戰爭所帶來的勝利旗幟並不會真正的插在戰勝的那一方。（陳澔璘）

58 菜刀與砧板之間是人類逞口腹之欲的殺戮戰場。（曹敏鳳）

59 元旦當天，大家起了個大早，跑到總統府前面參加升旗，排列成一直線的人們，同時望著飄揚的旗幟，真是壯觀啊！（黃雅敏）

60 在愛情裡，男女之間就像戰爭一樣，誰先舉白旗投降，就成為對方的俘虜；像攻佔城池，誰先插旗，誰就能佔地為王。（吳佳蓉）

61 阿姆斯壯登陸月球，在月球上插下美國國旗的瞬間，他說：「我的一小步就是人類的一大步。」

62 起跑線前，大家都睜大眼睛注意裁判的旗子。旗子一揮下，大家飛也似的衝出去。

63 雖然娃娃吵著肚子餓，但是奶粉已經沒有了，看！奶粉

匙裡沒有奶粉！

64 奮力一跳，我不小心跌了一跤，結果我的跳遠成績很不理想。

65 衝向白色的終點線，右水道龍舟的選手已舉起旗子，搶先奪標。（六十一至六十五例周素瑩）

一、藉由具體、實象的相似聯想，圖形上方尸，可以看成：

1.斧頭	2.國旗
3.菜刀、削刀	4.春捲
5.路標	6.紅綠燈
7.招牌、站牌	8.旗子、旗幟
9.紙	10.捕蝶網
11.高爾夫球桿	12.煙斗
13.杓子	14.調色盤
15.平台、升旗台	16.竹筏
17.望遠鏡	18.釣具
19.標竿、旗竿	20.方正大樓
21.奶粉匙。	

圖形下方□，可以看成：

1.木材	2.司令台
3.蘿蔔絲	4.牙籤

5.模型板　　　　　　　6.馬路、人行道

7.接力棒、棍　　　　　8.砧板

9.一根菸　　　　　　　10.竹子

11.標本展　　　　　　　12.尺、量尺

13.土地　　　　　　　　14.廣告原料

15.甘蔗　　　　　　　　16.潛水艇

17.筷子　　　　　　　　18.巧克力餅

19.起跑線、起跳點、終點線　　20.草皮

二、聯想之餘，再加上比喻（第十八、二十三、五十八、六十例）、擬人（第十九、二十、三十七例）表現手法，可以讓造句更為靈活、更為生動。

題目三

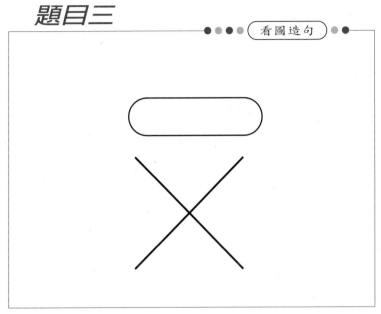

●●●● 看圖造句 ●●

看圖造句，五十字以內。

參考作品 ◀

1. 子彈快速飛奔，往打叉的中心點撞擊過去，砰的一聲，犯人應聲倒下。

2. 故障的飛行船，從天而降，快速的墜落在山區漏斗形狹谷上。

3. 媽媽用剪刀將熱狗剪成兩半。

4. 古代的種牛痘，就是在手臂上畫一個叉，再將牛痘種下

去。（一至四例林文儀）

5　客人跟路邊攤老闆抱怨說，他的熱狗不新鮮，想退錢。

6　我拿起刀叉，準備享用厚厚的沙朗牛排！

7　在人生的十字路口上，遍尋不著我夢想中圓滿的結局，只能一次又一次的繞著原路徘徊。（五至七例周素瑩）

8　今天到海邊想要玩水的時候，媽媽卻告訴我們水深危險，不可以隨便下去。

9　長大以後，我一定不能像爸爸、叔叔一樣，每天與洋酒為伍，躺在一起。

10　我們並不是兩條不會相交的平行線，總有一天我們一定還會遇到的。（八至十例黃志銘）

11　醫生在小明的傷口上畫了一個叉叉的記號，等候片刻，護士小姐便熟練地拿了數塊OK繃，貼了一層又一層在小明的痛處。

12　「唉唷！」被石頭砸到腳的小明，不禁大叫了一聲，臉猙獰的表情，猶如卡通人物般地好笑。

13　每個幼童軍都必須學習如何在野地架設三腳架，以及利用三腳架上所放置的鐵絲網，烤出各種可以求生的食物。

14　媽媽拿著剪刀在香腸上剪了幾道痕跡，以利它在烘烤的過程中，能夠迅速熟透，一解我和弟弟的饞蟲。（十一至十四例陳芳莉）

15　向來怕蛇的妹妹一看到蛇，馬上閉起雙眼、尖叫出來。

16 當醫生說要打針時，妹妹的臉就會立刻皺起來，嚎啕大哭。（十五、十六例曾琬茹）

17 兩道閃電交叉而落，映得地上的積水閃閃發亮。

18 清道夫將路上的水溝蓋掀起，用大夾子清理水溝裡的垃圾。（十七、十八例張哲維）

19 妹妹生氣時，整張臉都皺在一起，像個大叉叉，還張著一張血盆大口罵人。

20 老師在我的本子上把我錯誤的地方圈起來，並畫了一個大叉叉。（十九、二十例陳秋蘭）

21 當我們要吃藥丸時，就表示我們的身體有些地方發出叉叉的警訊。

22 在競爭激烈的運動場上，失敗者就像被打了一個叉叉。（二十一、二十二例何敏瑜）

23 老師所圈起來的部分都是錯的，需要重新訂正。

24 這個蛋糕已經過期了，千萬不可食用。（二十三、二十四例謝秉欣）

25 因為肚子很餓，所以小嬰兒放聲大哭，整張臉都皺了起來，才引起父母的注意。

26 這是最新的宣導海報，呼籲青少年別因一時的好奇、無知，嘗試有害的違禁藥物。（二十五、二十六例莊佳陵）

27 粉筆在黑板上輕輕舞著，雪白的鞋尖刻出一個又一個難解的數學座標。

28 湖邊的大風車有大大的翅膀，風吹時，大大的翅膀轉動

著，彷彿就要飛向空中。（二十七、二十八例林怡君）

29 在人生的十字路口，適時修圓自己的稜角，收斂光芒，未必不是件好事。

30 有些人對於膠囊這類藥丸，只能搖頭興嘆，怎樣也吞嚥不下去。（二十九、三十例謝芬妃）

31 今天和同學跑去遊樂場玩，坐摩天輪時往外看好刺激，尤其是雲霄飛車看起來就像子彈一樣，好快好好玩阿！

32 媽媽每晚都煮出一盤盤色香味俱全的菜，害得我們家晚餐時都會發生筷子爭奪戰。

33 重點路段十字路口的交通很恐怖，所有的車都像子彈一樣飛來飛去。（三十一至三十三例蘇郁棠）

34 兩人在橢圓形的操場上相互爭吵擁擠，打成了一團，誰也不讓誰，這一幕場景像是定格在我眼前，任誰也無法插手。

35 用竹籤串起一根根我最愛吃的香腸，任誰也無法抵擋它可口的誘惑。（三十四、三十五例劉姮君）

36 媽媽才從藥包裡取出紅色膠囊，弟弟馬上變臉，好像畫了個難看的大叉叉在臉上。

37 我剛打開熱騰騰的便當盒，小華的筷子便大搖大擺登場，強行擄走了可憐的香腸。（三十六、三十七例許肇玲）

38 每到寒氣逼人的冬天，女孩們就會拿起鈎針，編織圍巾，為她們與男孩之間的愛情加溫。

39 回憶兒時，和同學走過操場，每當頭頂上空飛過一架飛機，我們就會玩「吃飛機」的遊戲，許下那些天真無機心的願望。（三十八、三十九例陳怡安）

40 爸爸是個細心的醫生，他在紅色膠囊旁邊畫個「╳」，提醒病人不要吃錯藥。

41 弟弟不喜歡吃麵包，所以他用筷子將大亨堡的熱狗挑起來。（四十、四十一例陳鈞惠）

42 經過校運會踩躪的操場，不得不搭起警告標示，重新整修。

43 生病時吃下一顆沒有對症下藥的藥丸，這是很嚴重的錯誤。（四十二、四十三例鄭雅云）

44 桌上的膠囊，被畫個大叉叉，註明著「有毒！請勿食用！」

45 直昇機在操場的上方，發現了一個不明的飛行體，原來，只是一個飛得很高的透明風箏。（四十四、四十五例　姚語歆）

46 小明張大了嘴巴哇哇的叫著，眼睛更是瞇成了兩條交叉線。這是怎麼一回事呢？喔！原來是因為小明吃了一顆酸溜溜的糖果啊！（黃雅敏）

47 冰涼的戰戟，交錯地被遺落原野。湖面水紋悠悠，悄悄掀起戰爭與和平的序曲。（林玟君）

48 在十字架底下的是，是一具具躺在棺材裡安息與不能安息的靈魂。（劉瀞徽）

看圖作文新智能

49 媽媽為了我們的健康，在冰箱上貼了「不吃垃圾食物」的健康標語！

50 淡水老街的酸梅，純正夠味，弟弟淺嚐了一口，整個眼睛鼻子全縮在了一起！

51 乘著北上的火車，孤單地靠著窗邊向外望，每當列車經過城市中的鐵路平交道，就增添了一分鄉愁！（四十九至五十一例林美如）

52 剛出爐的麵包香味四溢，令每個饕客都忍不住想大快朵頤。

53 飛機穿越重重的雲層，不斷向上攀升，準備飛往另一個夢想的國度。

54 撐竿跳選手奮力一跳，成功的飛躍五米八的高度，安全落在墊子上，真是一個完美的演出。（五十二至五十四例鍾明雯）

55 閉起眼睛，讓眼淚直奔；張開嘴巴，嚎啕大哭。（楊文鳳）

56 人生，有時候像在十字路口，必須做出選擇；有時像在跑操場，必須勇往直前。（楊文鳳）

57 開心地走進廚房準備大吃一頓，卻只見空蕩蕩的桌子擺了一雙筷子和一個空盤子。

58 不知是誰惡作劇，在她臉上畫了個大叉叉，害她張大了嘴，坐在地上哇哇大哭。

59 心中背負著犯錯的壓力，就好像將自己捆成了大香腸，

不敢放手去嘗試。（五十七至五十九例林宜瑾）

60 期末考的成績一公布，我的眼睛和眉毛立刻揪成一團，只剩嘴巴唉唉叫！

61 交錯的鐵軌帶來一輛輛的火車，也帶來小鎮的繁榮。

62 看著媽媽兩手交叉，一手拿藤條，我開始緊張得全身發抖。

63 人生有時會在交叉路口遇到智慧，但別後往往繼續輪迴。

64 小明家裡為他慶生，有冰棒，還有只切成四份的超大披薩，好幸福喔！（六十至六十四例謝采庭）

65 躺在操場的草皮上，望著天空畫過幾道流星，我也默默在心裡許下了願望。

66 小小的台灣忍受著大陸的試射搗蛋飛彈的威脅，不更加小心謹慎不行。

67 愛哭的弟弟經常鼻子和眼睛皺成兩條交叉線，張口放聲大哭。

68 蜘蛛在水池上結網，雖然危險，卻也是等待孑孓成蚊的最佳地點。最危險的地方，收穫通常也最好。

69 想用一般筷子夾士林大香腸，難啊！（六十五至六十九例葉金鷹）

70 老師叫曉華上台算數學題目，沒想到曉華全都算錯了，被老師打了大個×，還被處罰，真可憐。

71 不管黑板上有任何塗鴉，板擦總是能一下子就清得乾乾

看圖作文新智能

淨淨。

72 方形洗水台裡的排水孔是個×字型的橡膠物質。

73 明達上課愛講話，被老師用膠帶把嘴封住，還在上面畫了一個大大的×。

74 用兩根鐵叉將小火腿一個一個串起，拿去烤一烤，哇，真是美味，好吃的不得了。

75 妹妹什麼東西都愛買一對，她有兩對一樣的耳環，有兩雙一樣的球鞋，就連鉛筆盒裡的筆也是兩支一樣的。

76 拿塊滑雪板，附上兩支滑雪桿，套上厚手套，頭戴毛線帽，裝備齊全，就能上路。

77 施工時，工人都會在要釘樁的地方畫上記號，好讓後面的人把木樁釘進去。

78 聖誕節要到了，妹妹打算用棒針打出一條圍巾，給她的男友做聖誕禮物。（七十至七十八例張雅雯）

79 俄羅斯體操選手在「墊上運動」這一項目使出渾身解數，動作輕盈流暢，像極了輕舞飛揚的彩蝶，果然得到冠軍。（涂文芳）

80 生命如體操，選手在平衡木上，每一次跳躍翻轉，都隱藏著掌聲與噓聲。（陳志瑋）

簡　析

一、圓形上方□，浮翩聯想，計有：

1.子彈　　　　　　　　2.飛行船

3.熱狗、大香腸　　　　4.沙朗牛排

5.OK繃　　　　　　　　6.蛇

7.針筒　　　　　　　　8.水池、積水處

9.張大嘴、血盆大口　10.打圈處

11.操場　　　　　　　12.藥丸、膠囊

13.湖面、湖邊　　　　14.棺材

15.冰箱　　　　　　　16.火車

17.飛機　　　　　　　18.墊子

19.盤子　　　　　　　20.粉筆

21.冰棒　　　　　　　22.飛彈、子彈

23.黑板　　　　　　　24.小火腿

25.球鞋　　　　　　　26.滑雪板

27.圍巾　　　　　　　28.平衡木

29.蛋糕、麵包　　　　30.雲霄飛車

31.便當盒　　　　　　32.藤條

33.水溝蓋　　　　　　34.洋酒

圖形下方×，多方想像，計有：

1.打叉　　　　　　　　2.漏斗形狹谷

3.剪刀　　　　　　　　4.平交道、十字路口

5.刀叉　　　　　　　　6.三腳架

7.臉皺縮　　　　　　　8.兩道閃電

9.錯誤標示　　　　　　10.危險、警告標示

11.違禁標示　　　　12.座標

13.風車　　　　　　14.筷子、夾子

15.竹籤　　　　　　16.鈎針

17.透明風箏　　　　18.戰戟

19.十字架　　　　　20.撐竿跳

21.交錯鐵軌　　　　22.兩手交叉

23.切四份的披薩

二、好的看圖造句，除了記敘、說明之外，宜由感性，邁向
　　知性；由白描，邁向比喻說理（第七、二十一、二十
　　九、五十六、六十三）；展現創思中「敏覺力」、「變
　　通力」之外的「精進力」。

題目四

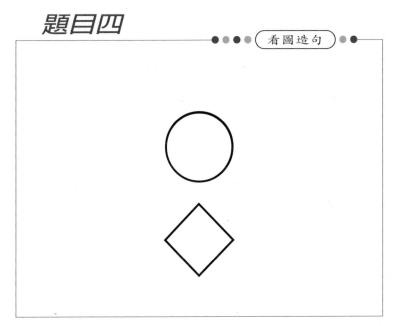

看圖造句

看圖造句，五十字以內。

參考作品

1. 每年過年，媽媽一定會在圓形鏡子旁，貼一個大大的、艷紅的「春」字，以祈求未來的一年平安順利。

2. 我總愛在吉祥結的下方串上幾顆珍珠，以祝福身旁的親朋好友，願他們永遠平安快樂。

3. 出社會後所面對的爾虞我詐，將我個性中的稜角一一磨碎，成為一個圓形人物。

221

看圖作文新智能

4 賭俠張大雙眼，癡呆地望著手上僅有的一張方塊 A，不知下一步該如何走，才能獲得這局的勝利。（一至四例陳芳莉）

5 每天出門前，媽媽總是微笑著幫爸爸打著領帶，這時候，連窗外陽光都比不上媽媽微笑中透出的幸福光芒！

6 孤獨的太陽，問著底下的風箏：「你何時才會飛到我家玩？」風箏總是懊惱地回頭望著拉住自己的那條線，沉默不語！

7 淘氣的標靶不停轉動著，把箭搞的頭昏腦脹，氣得箭先生不得不發，只想叫淘氣的標靶趕快停下來！（五至七例林美如）

8 為人處事應該像滾大球一樣，越滾越圓融，而不是武裝自己露出如菱形的尖角，越滾，自己卻越受傷。

9 太陽公公向早起的風箏說早安。

10 圓滾滾的珍珠和晶瑩剔透的玉石，象徵一個人高貴的氣質。

11 牆壁上砌上了圓形、菱形的磚塊，美麗極了，似乎是幫牆壁穿上了新衣。（八至十一例劉姮君）

12 鑽石帶來暴發戶的氣質，水晶給人帶來好運氣。

13 小明到河濱公園放風箏，一個不小心，風箏斷了線，飛啊飛地就撞到爸爸的大餅臉了。

14 咖啡凍與珍珠奶茶的搭檔真是絕配，好喝極了。

15 斷了線的風箏，飄啊飄的，就掉到池塘裡去了。

16 蒟蒻與果凍的結合是小朋友的最愛。（十二至十六例張雅雯）

17 有時候，人的苦難像菱形，有頭有尾；有時像圓形，找不到開始和結束的車站。

18 有的女孩子，說到煩惱的事情，兩隻食指和拇指輕輕合攏，一副無助可憐樣。

19 中秋節的月餅，上面印著不同圖案，有圓的，也有方的。

20 媽媽是最亮的星星，不論我在地球的哪個角落，永遠為我點亮回家的燈。（十七至二十例謝采庭）

21 「哇！今天太陽公公的心情真好，大概是因為討厭烏雲都走了吧！」淘氣的風箏說完，便一股腦兒地朝太陽公公飛去。

22 寶石方塊迫不及待地在一旁等著與指環結合，變成一只美麗的結婚戒指。（二十一至二十二例羅于惠）

23 戒指和鑽石是許多女人夢寐以求的禮物，得到的同時，也失去了個人自由。

24 水晶球讓人有窺探未來的慾望，觸碰一下，它變成銳利的晶片割破所有的幻想。

25 乾淨的盤子在陽光照射的反光下，鑽石般的亮點閃閃發亮，好像在對我微笑。（二十三至二十五例林文儀）

26 中秋節的夜晚，全家坐到院子裡，圍著一張桌子烤肉聊天。偶爾抬頭欣賞光，總覺得今晚的月亮特別大、特別

圖、特別有家的感覺。

27 最喜歡過年時全家圍爐在一桌吃吃喝喝、談天說地的氣氛，不過最重要的還是一定要有紅包拿！

28 晴朗涼快的日子，最適合到戶外放風箏、野餐了。（二十六至二十八例蘇郁棠）

29 天空下著毛毛雨，一顆又一顆晶瑩圓潤的水珠，緩緩的降落於媽媽栽種的百合花葉子上。

30 人類的科技日新月異，發射了許多人造衛星環繞著地球。（二十九至三十例鍾明雯）

31 后羿拉滿弓，在速度下的掩飾下，一支只剩箭頭的弓箭，朝著太陽狂奔而去。

32 愛情，有時是鑽石與石頭間的抉擇。（三十一至三十二例張哲維）

33 做人要像銅幣，外圓內方。對外處事，要圓融，心中要堅守原則。

34 透過望遠鏡，看到飛到高空的風箏，隨風搖擺。

35 一張藝術品中，有圓形和方形的變化，才不會顯得過於單調。（三十三至三十五例謝芬妃）

36 吹熄蛋糕上的蠟燭火光，我閉上眼睛許了好多願望。

37 最自由又最不自由的風箏，不畏太陽的熾熱，恣意遨遊在天空。

38 我最喜歡坐在窗邊，聽著從CD流瀉的音樂，一口接一口吃著滿天星零食，並感受微風的輕拂。（三十六至三

十八例林怡君）

39 媽媽拿了一條菱形的桌巾鋪在圓桌上。

40 一個斷了線的風箏隨風飄揚，往太陽處飛去。

41 圓形做事較圓滑，而菱形則比較一板一眼的，兩者有很大的不同。（三十九至四十一例陳秋蘭）

42 爸爸打著領帶，準備出門參加一個重要會議。

43 圓形嘲笑菱形既不像方形也不像三角形，是個長相奇怪的傢伙。菱形氣得大喊：「這是我的特色！」

44 一杯香醇咖啡、一份可口蛋糕，陪我度過悠閒的下午時光。（四十二至四十五例莊佳陵）

45 媽媽說：「珍珠，是女人的眼淚，寶石是天空的星星。」那麼為何都躺在珠寶盒裡呢？（曾琬茹）

46 細細的圓圈是媽媽手指上的銀戒指，如果把亮晶晶的鑽石鑲上去，就更美麗了。（陳鈞惠）

47 體重機上的指針指著體重機的正上方，原來體重機的指針已經悄悄地走了一大圈。（鄭雅云）

48 餅和巧克力的組合，是新舊世代的交替，也是中西文化的融合。（曾敏鳳）

49 風箏不斷地飛，不斷地追，每次他覺得越靠近太陽，但卻又好像離得更遠了。（吳佳蓉）

50 槍擊犯開著贓車橫衝直撞拒捕，警方在路上佈下尖銳的拒馬，沒一會兒，嫌犯輪胎被刺破，只好乖乖束手就擒。（涂文芳）

51 做人要外圓內方，隨和但不隨便。（陳志瑋）

52 尖銳的個性需要慢慢修正，圓滿的人生需要用心經營。

（陳志瑋）

簡 析

一、圖形上方○，可以是：

1.圓鏡	2.珍珠
3.大眼	4.太陽
5.圓標靶	6.圓形磚塊
7.水晶球	8.圓圓大餅臉
9.蒟蒻	10.燈
11.指環	12.月亮
13.圍爐	14.水珠
15.地球	16.圓石
17.銅幣	18.望遠鏡
19.圓形蛋糕	20.CD
21.圓桌	22.圓形巧克力
23.咖啡杯口	24.圓臉
25.輪胎	

圖形下方◇，可以是：

1.春聯	2.吉祥結
3.方塊A	4.領帶

5.風箏　　　　　　6.箭鏃

7.菱形磚塊　　　　8.鑽石

9.菱形果凍　　　　10.星星

11.寶石　　　　　12.晶片

13.紅包　　　　　14.百合花葉

15.人造衛星　　　16.燭光

17.滿天星零食　　18.菱形桌巾

19.指針　　　　　20.燒餅

21.菱形蛋糕　　　22.拒馬尖刺

二、長於創意造句者，往往圖形聯想之餘，介入比喻、擬人技巧。如第八、十七、三十三、四十五、五十一、五十二例，藉比喻說理；第六、九、二十一、二十二、四十三例，藉擬人活潑情境；分別形成更靈動的敘述。

題目五

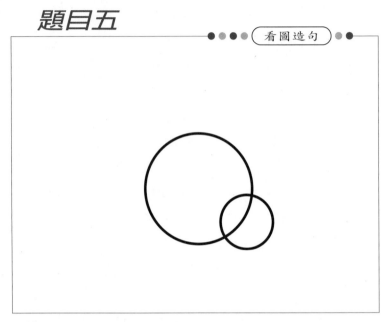

看圖造句，三十字以內。

1 在草地上，我和弟弟開心地玩著飛盤，一個不小心，我的大飛盤和弟弟的小飛盤相撞了，紛紛墜落了。

2 小木偶的鼻子因為不再說謊，而變回原來的樣子了。

3 妹妹手握著麥克風，高興地唱著歌。

4 潔白的蒲扇，正等著有心人為它上妝呢！

5 剛買的冰淇淋，一球已經被弟弟偷吃到只剩一點點了。

6 兩顆不知名的星球，趁著大家不注意，偷偷地聚在一起聊天。

7 弟弟包水餃，手忙腳亂把肉餡都包到外頭來了。（一至七例黃馨儀）

8 保齡球瓶被狠狠strike一記，下半身都腫了起來。

9 小叮噹累了，正用手搗著他的嘴巴，直打哈欠。

10 天文奇景來了！火星正一步一步地往月球靠近中。

11 不知道是哪個頑皮的小孩，把我辛苦堆的雪人給推倒了。

12 阮籍把它的葫蘆酒罐隨地一丟，趴頭便睡了！

13 吃了一顆飛壘，吹了一個好大的泡泡。

14 好可憐的小螞蟻，牠的腳和觸鬚都被弟弟拔掉了，只剩下身體和頭了……。

15 這座游泳池設計的可真周到！大池給大人游，小池給小孩游。

16 小精靈正在反芻他剛吃下去的湯圓。（八至十六例張詩凰）

17 磁鐵媽媽害怕磁鐵寶寶走丟，便把它緊緊地抱在身邊。

18 被我玩弄的不倒翁，正拚命地想挺起身來。

19 弟弟不小心將媽媽的香水打翻了。（十七至二十例賴瑩玲）

20 媽媽最喜歡這戒指，尤其是鑲在上面的大珍珠。（辛瑞芝）

21 媽媽的臉緊貼著懷中的嬰兒。（管國育）

22 一個不小心，蛋黃破掉了，流到了鍋子裡。（陳景怡）

23 雪人跌倒了，重重的摔在地上。（吳端靜）

24 籃球和棒球是一對形影不離的好朋友，成天黏在一起說悄悄話。（江素卿）

25 鑲著大珍珠的戒指，因被主人遺忘，冷落在孤單的角落。（張秀蘭）

26 有一隻把腳和尾巴收起來的烏龜，沈沈的睡著了。（廖如意）

27 可愛的雲朵，被淘氣的風吹得圓嘟嘟的。（陳柏吟）

28 糟糕！球要滾到山洞裡，怎麼辦？（李聖儒）

29 月亮週而復始地繞著地球運轉，是地球的守護者。（黃瑗瑗）

簡 析

一、將大小圓形分開看，發揮「取代性」聯想，再描述兩者的「相關性」。如：大小飛盤、妹妹和麥克風、大小星球、火星和月球、大小游泳池、大小磁鐵、戒指和珍珠、媽媽的臉和嬰兒、蛋黃和鍋子、籃球和棒球、雲朵和風、球和山洞、月球和地球等。

二、將大小圓形當成整體來看，發揮「相似性」聯想，可以力求形似，也可以稍加變形，求其神似。如：小木偶的

鼻子、蒲扇、保齡球、雪人、葫蘆酒罐、拔掉腳和觸鬚的螞蟻、不倒翁、香水瓶、烏龜等。

題目六

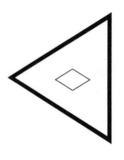

看圖造句，三十字以內。

1 在這座金字塔內，有一個神秘的地道入口。

2 三角鐵和方形的鐵片碰撞，發出了清脆的聲音。

3 巫婆的帽子上，裝飾著一顆閃亮亮的鑽石。（一至三例 黃馨儀）

4 陽明山正開著口說：「小心，我就要爆發了！」

5 畢業音樂會中，我負責用菱形鐵棒敲打三角鐵來伴奏。

6 巫婆的帽子，還縫上一塊蜈蚣的皮，好可怕……。

7 在險惡的山巒中，竟然藏有一個秘密停機坪。

8 不知道是誰惡作劇，把我的三角尺挖了一個洞。

9 我包粽子的技術還不夠熟練，讓一塊大大的瘦肉露在外表了。（四至九例張詩凰）

10 從天空俯看，我的家座落於三角沖積扇的底端。（辛瑞芝）

11 千年之後的雷峰塔，把一條白蛇壓成了一塊豆腐乾。（管國育）

12 三角巧克力中，包著一顆我最喜歡吃的杏仁。（吳端靜）

13 三角立體茶包，使茶葉完全舒展開來，散發出迷人的香味。（詹博恩）

14 萬花筒裡的小花片，在三面鏡子中，不斷的建構、解構，分分合合。（張秀蘭）

15 古夫金字塔裡，放著千年的木乃伊。（陳景怡）

16 御飯團裡面，包裹著一粒又酸又甜的梅子。（黃映嘉）

17 金字塔的入口，閃耀著寶藏的金光。（游智勛）

18 妹妹的玩具金字塔裡，有一個會說話的小矮人，真奇妙。（李聖儒）

19 聖誕樹下放著一份未署名的神秘禮物。（黃瑗瑗）

20 一顆晶瑩剔透的鑽石，掉落在金字塔前。

21 我們的帳棚破了一個洞，難怪一直有風灌進來。

22 屋頂上卡著一只風箏，怎樣也拿不下來。（二十至二十二例張惠如）

看圖作文新智能

簡　　析

一、由「相似」而「接近」的聯想流程開展，可以是：金字塔和地道入口、三角鐵和方形鐵片、帽子和鑽石、火山和火山口、巫婆帽和蜈蚣皮、山巒和停機坪、三角尺和洞、粽子和瘦肉、三角巧克力和杏仁、立體茶包和茶葉、三面鏡和小花片、金字塔和木乃伊、御飯團和梅子、金字塔玩具和小矮人、帳棚和破洞、屋頂和風箏等。

二、由「相似」而「相對」的聯想流程開展，可以是：三角沖積扇和家、雷峰塔和豆腐乾等。尤其第十一例最具想像力，運用誇張的比喻，形塑特別新穎的視境。

234

題目七

看圖造句

看圖造句，三十字以內。

參考作品

1　燕尾服蒙面俠，戴起他的面具，使人無法查覺他的身分。

2　奇怪！奇怪！真奇怪！這裡的紅綠燈沒有黃燈，只有紅燈跟綠燈。

3　蛋糕上有兩顆令人垂涎三尺的櫻桃。

4　我吃了一盒好吃的麻糬冰淇淋，只剩下空盒子了。

5 家用式的瓦斯爐，有兩個爐子，可以一邊煮湯，一邊燒菜。

6 神秘的下水道，有兩條大水管，不知道通往何處。（一至六例黃馨儀）

7 我看到一隻好奇怪的豬，牠的鼻子是方形的耶！

8 從小玩到大的樂高積木，現在只剩下最後一塊了。

9 「砰！」發生車禍，交通指示燈被小客車撞倒在地了，快！快送醫啊！

10 蒙面俠這次被噓了！因為他出場的面具實在太遜、太滑稽了啦！

11 桌上放著一捲傳說中貞子的那捲錄影帶，沒人敢去碰它！

12 神秘的荷包蛋，方形而且有雙蛋黃，一定是突變所造成的。（七至十二例張詩凰）

13 隱形眼鏡盒用心的收藏了我的寶物，沒有它，我的世界將一片模糊。（辛瑞芝）

14 離開學校生活後，成績單上一個零和兩個零之間已經沒有太大的差別。（管國育）

15 古代的人犯殺手被銬著手鐐，前往行刑現場。

16 蒙面俠的臉罩掉在這兒。

17 廚房裡的瓦斯爐正在休息中。（十五至十七例賴瑩玲）

18 我用望遠鏡，可以看到好遠好遠的地方。（吳端靜）

19 機器人的兩顆大眼睛目不轉睛的盯著我。（詹博恩）

20 端出兩碟小菜，配上一杯淡酒，久別重逢，竟不知從何說起。（張秀蘭）

21 我用車燈照亮了道路，可以看到遠方的人。（陳凱卉）

22 這個警察用來捉犯人的手銬，真是牢固。（曾珮雯）

23 路旁的紅綠燈是交通的執法者，指揮我們何時該前進，何時該停止。（黃瑗瑗）

24 這個面具可以讓你在化裝舞會上大放異彩。

25 拍照時，我只到拍到哥哥的一雙眼睛。

26 從這兩個窗戶看出去，可看到風光明媚的山水景色。

（二十四至二十六例張惠如）

簡　析

一、就組合而言，可以是：櫻桃和蛋糕、麻糬冰淇淋和空盒子、兩條大水管和下水道、兩個零、兩碟小菜、一雙眼睛、兩個窗戶等。

二、就整體而言，可以是：面具、紅綠燈、瓦斯爐、奇怪豬鼻、錄影帶、神祕荷包蛋、隱形眼鏡盒、手銬、望遠鏡、機器人的大眼、車燈等。

看圖作文新智能

題目八

看圖造句

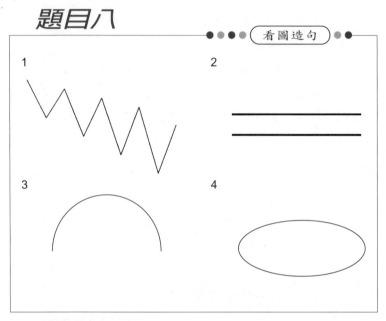

根據四幅圖，分別造句。

參考作品

第一幅

1 你看！

那一排鋸齒狀的尖牙！

我……可不可以不過去？

2 兩座山是好朋友。

舉起手來手牽手，

238

聯手歡度春夏秋。

3 「哇！」

在看股票的爸爸

　　剛玩完雲霄飛車的哥哥

　　　　竟喊出一模一樣的話。

第二幅

1 女：「其實我好想過去你身邊

　　　但我要忍住！等你先認錯。」

男：「又耍脾氣了！我不想再道歉。

　　　來比耐力、誰怕誰！」

他們的身影在傍晚的夕照下，拖出長長的平行線。

2 上面是爸爸的衣服，

下面是爸爸的褲子。

中間恆久的距離，

則是爸爸永遠藏不住的肚子。

第三幅

1 深山裡的彩虹，

彎著腰邀請我們，

到她天堂的家遊玩。

2 哇！哇！哇！

好大的一球冰淇淋

能不能給我吃一口？

3 我的天啊！怎麼辦？

我的鼻子竟然冒出了青春痘！

圓滾滾、紅通通，要人不看到也難。

第四幅

1 這個下水溝到底會通往何處？

會不會通往另一個世界？

會不會有王子與公主？

好想掀開蓋子瞧一瞧。

2 魔鏡啊！魔鏡！

告訴我：誰是世界上最美的女人？

妳真是油嘴滑舌！

看到誰就說她最美麗！

（十例均洪靖雯）

一、越簡化的圖形，越應抓住圖形「特徵」、「特性」，展開「相關性」、「取代性」、「擴展性」、「縮小性」不同向度的想像力。

二、所謂「相關性」是修辭中的「比喻」、「擬人」，「取代性」是「借代」，「擴展性」、「縮小性」是「誇張」

（誇飾）。

三、此題參考黃秋芳《穿上文學的翅膀》（一九九○，黃秋
芳創作坊）中〈異想天開〉（頁七七）。唯書中要求小朋
友「添圖寫短文」，此處則是「看圖造句」。

四、靖雯實作，表現豐沛的敏覺力、流暢力。四幅中，以第
二幅作品，最為出色。尤其第二幅第二例，別具隻眼，
展現獨創力。

題目一

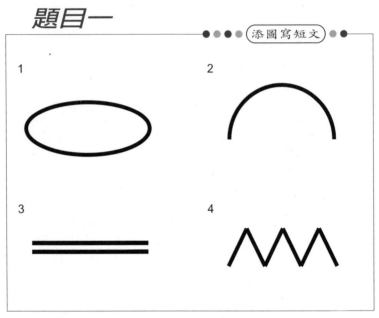

1

2

3

4

在四幅未完成的圖上，畫畫，寫一篇短文。

參考作品

1 牙疼記 楊于儂

「小豪，你要記得把桌上的止痛藥拿去
吃喔！」

但是小豪急著出去玩，所以將媽媽的叮嚀當耳邊風，沒有乖乖吃藥。走在路上，突然牙又疼起來了，小豪痛得哇哇哭喊著……。

正巧路過了一間家庭牙醫所開的診所。小豪在最無助的時候，只得鼓起勇氣搬救兵。

於是醫生叔叔幫小豪洗了牙，還送給他一條牙膏。告誡他要記得多多刷牙，才不會總被牙疼所苦。

2　牙疼記　楊于儂

出了牙醫診所，小豪路經一家雜貨店，看到陳列於架上的巧克力，馬上又故態復萌，大快朵頤了起來。

回家途中，在巷口遇到賣冰的老伯，更禁不住誘惑地掏出二十元買了清涼的冰淇淋。

回到家後，小豪又吃了冰箱裡爸爸從北海道帶回來的草莓乳酪蛋糕。

正當他旁若無人地享受美食時，突然被一股殺氣震醒。一轉身，怒髮衝冠的媽媽一手指著滾落地上的止痛藥，一手握著拳頭，惡狠狠地盯著他。

簡　析

一、相對於「看圖寫短文」，「添圖寫短文」的創意指數更高。在語文智能上，必須考慮一組圖前後的一致性、合理性，難度明顯增高；在空間智能上，必須設定情境，召喚積極參預，化視覺的被動為主動，付出更大的繪畫心力。

二、一組圖的添圖作文，必須兼顧一致性、合理性（時間先後關係、邏輯因果關係），因此，連接詞的運用非常重要（如：但是、正巧、於是、正當），讓四幅圖「起、承、轉、合」的關係，井然有序。

添圖造句

〔題目一～題目四〕

題目一

添圖造句

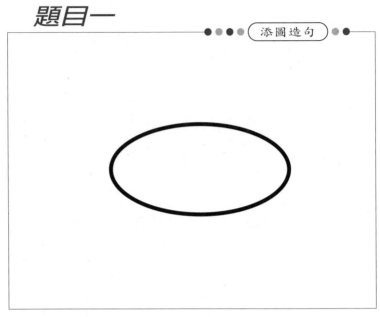

在橢圓上添圖，再造句。

參考作品 ◀

1

魔術師可以從帽子裡，拿出許多的寶貝。

2

純潔天使頭上的光圈，會發出耀眼的光芒。

3

蜜蜂辛勤的在花叢中穿梭，一邊忙採蜜。

4

動物園裡的貓熊，像我一樣有黑眼圈。

5

端上桌的西瓜，馬上被一掃而空，剩下空盤子。（一至五例謝毓薇）

6

飛行船飛呀飛！帶著夢想與希望，飛遍全世界！

7

用力一拉，降落傘彈了開來，慢慢的飄了下來。

8 一朵大香菇，長在森林裡，為蟲兒遮風擋雨。（六至八例 林桂棻）

9 弟弟喝完牛奶後，在杯緣留下一圈白白的痕跡，似乎仍然意猶未盡。

10  有線滑鼠的網路世界，無限危機的人心世界。

11  隔壁班的小明是健康寶寶，那口潔白的牙齒，不容一絲黃垢停留。（九至十一例張友淨）

13  貓頭鷹是黑夜的守護神，明亮而銳利的雙眼是深夜裡的最佳指引。

14  夏夜裡的螢火蟲散發著微弱的亮光，想和天空中的星星一較高下。

15  我討厭感冒，因為每次感冒時，媽媽總會逼我吞下噁心的膠囊。

16  小蝌蚪迫不及待想長大！牠想披上綠色的新衣，和爸爸媽媽一起站在荷葉上呱呱唱歌。

（十三至十六例李凱平）

簡 析

一、相對於「看圖造句」的被動書寫，「添圖造句」讓學子畫自己想畫的圖，寫自己有感覺的句子，更能化限制為自由，予以更寬廣的揮灑空間，最易和學子形成親切互動。

二、「添圖造句」在在檢視學子在「增加法」上的創意。經由「增加法」，一個橢圓，就是「部分」（輪廓、替代），可以衍生出無窮的「整體」，在在展現各種擴充、組合的創造力。

題目二

添圖造句

在圓弧上畫圖，再造句。

參考作品

1

化裝舞會裡的熱門裝扮，就是美麗的兔女郎。

2  烏龜背著重重的殼，一步一步慢慢向前走。

3  金光閃閃的元寶，是所有人都喜歡的東西。

4  水族館裡可愛的章魚，是我最喜歡的動物。

5  躺在床上的爸爸，他的啤酒肚就像小山丘。（一至五例謝毓薇）

6  不知道是誰？切了西瓜又不吃，讓它倒在桌上！

7 媽媽做的愛心漢堡，餡料太豐富，漢堡都傾斜了。

8  牛排的蓋子掀開了，滋滋滋的作響，我好怕被噴到呀！（六至八例林桂棻）

9  草帽被調皮的春風吹走，媽媽著急的尋找，才知道，原來風要和她賽跑。

10  晚餐桌上煎的香噴噴的魚，是讓爸爸聞香歸來的大功臣。

11  數完那一個接一個往阿里山的山洞，就可以看到阿里山上的日出了！

12 我咬了一半的芝麻湯圓，內心充滿團圓的溫暖。（九至十二例張友淨）

13 少林寺裡的小沙彌，不僅每天得下山挑水，訓練體力，還得日日誦經，修身養性。

14 炎炎夏日裡，吃上一口冰淇淋，頓時一陣涼意沁入心脾，暑氣全消。

15 月下老人在耶誕舞會上巧遇邱比特。月下老人將紅線送給他，邱比特則以「愛之箭」回贈。

16  貪吃又頑皮的天狗咬掉了月姑娘的一塊肉，於是月姑娘缺了一角，傷心哭泣。（十三至十六例李凱平）

簡 析

一、添圖造句是「語言智能」與「空間智能」的結合。對於這樣的題型，往往玩心越重的學子，創造力越強的學子，越感興趣，表現也越優秀。

二、由於集中精神在「添圖」上，因此在「造句」部分，大抵力求明白通順，與「看圖造句」（集中精神在「看」、「造」上）的重點，明顯不同。

三、其實這樣的題型，再加「生活化」，就是利用一條水

管，要同學演出各種不同形狀的物體，結合「肢體智能」（動覺、運作智能），邁向「多元智能」。

題目三

● ● ● ● ● 添圖造句 ● ● ●

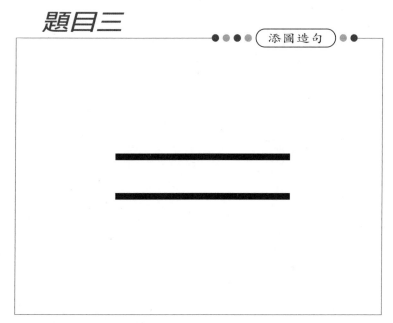

在平行線上添圖，再造句。

參考作品 ◀

1 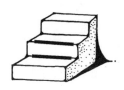　　　　　在樓梯上不可以玩耍，要小心
　　　　　　　　　　　　　　安全。

257

2 快把禮物上的緞帶打開，看看裡面裝些什麼。

3 吸血鬼最怕大蒜的味道，和教堂的十字架。

4  捷運的木柵線，是行駛在戶外的高架道路上。

5 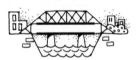 橫跨湖面的大橋，連接了兩地的交通。（一至五例謝毓薇）

6 喀！
脆笛酥是我的最愛，
我吃到剩下一小截。

7  項鍊口琴真神奇，
吹吸吹吸再吹吸，
奏出動人的旋律。

8

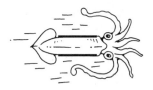

烏賊烏賊游呀游！
小心不要被捉走，
不然就變成烤小卷囉！（六至
八例林桂棻）

9

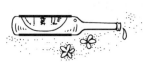

瓶子修長的冰酒，
是優雅的女郎，
讓人甘心沉醉。

10

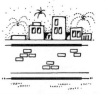

高牆的另一邊，
有能自由呼吸的清新空氣，
還有夢中嚮往的城堡。

11

馬路上有川流不息的車輛，過
馬路要小心喔！（九至十一例
張友淨）

12

夕陽西沉的前一刻，艷麗的餘
光映照著一對兩小無猜，彷彿
默默地祝福著有情人。

13

我想擁有一把可以爬上天空的梯子，這樣，我就能睡在軟綿綿的白雲上，和風兒對話。

14

每當望見隨風飄揚的國旗，心頭總莫名地為之一振，變得精神奕奕！（十二至十四例李凱平）

簡　析

一、添圖造句三部曲，首重「增加法」的想像力。次重增加部分和原本圖形的「相關」、「組合」。因此，「增加法」的想像力中，多為接近的聯想，多為細部（細節）的衍生、描繪。最後，檢視構圖和造句的關係。力求圖文的統一呼應與造句的生動變化，不可重圖輕文，忘了在造句上下功夫。

題目四

添圖造句

在尖形線上添圖，再造句。

1

鬼屋裡有可怕的骷髏頭，正張開大嘴對我笑。

2
夜空中的彗星，拖著閃亮的尾巴劃過天際。

3
如果踩到木匠放在地上的鋸子，一定會受傷。

4
樂手在演奏的樂器，就是很有趣的手風琴。

5
暴龍的牙齒好尖銳，怪不得大家都怕牠。（一至五例謝毓薇）

6
好大好大的翅膀，怪不得能飛那麼高，多麼自由自在呀！

7

母親節到了，滿街都在賣康乃馨，我也要買一朵送媽媽。

8

誰那麼貪吃？牙齒都蛀壞了，還把嘴張那麼大！（六至八例林桂菜）

9

雍容的皇冠若沒有人配戴，也只是金屬與珠寶的組合，失去了權力的附加價值。

10

鋸齒狀的麵包刀、熱烘烘的麵包，還有常帶和善笑臉的老闆，是我放學後的愉快點心時間。

11

深夜時分，一陣爭吵過後，只留下一面碎裂的鏡子。

看圖作文新智能

12

波滔洶湧中，船隻仍然巍巍顫顫地向前行。（九至十二例張友淨）

13

我最喜歡的花是鬱金香，它不但有美麗的外形，更有堅韌的莖蕊，就好像才貌兼備的人。

14

昨晚，我夢見自己變成了豬八戒，於是，我再也不敢貪吃了。

15

心電圖是個矛盾的東西。老是起起落落，讓人看見生命的奇蹟，也讓人看盡生命的無常。

16

小華剪了個新髮型，但是大家看見他，不但沒有稱讚，反而嘲笑他，害他愁眉苦臉。（十三至十六例李凱平）

簡　析

一、添圖，可以測試學子的敏覺力；造句，可以測試學子的
　　精進力；要求添出兩種以上圖形，造出兩種以上句例，
　　則可以測試流暢力。
二、就圖形構思而言，第二、七、十二、十五例較為突出；
　　就造句而言，第一、八、十一、十五例較為生動。

參考書目

王焱明　教學創新與創造思維的培養　武漢：湖北教育　二
　〇〇一

王萬清　多元智能創造思考教學：國語篇　高雄：復文　一
　九九九

王尚文、鄭飛藝　作文新感覺　板橋：螢火蟲　二〇〇三

王宛磐、郭奇　語文教學通論　開封：河南大學　二〇〇三

仇小屏、黃淑貞　國中國文章法教學　台北：萬卷樓　二
　〇四

仇小屏等　小學「限制式寫作」之設計與實作　台北：萬卷
　樓　二〇〇二

白靈　一首詩的玩法　台北：九歌　二〇〇四

史建中　小學片段作文指導　北京：語文　一九九九

任彥鈞　小學生看圖作文　太原：北岳文藝　二〇〇〇

朱和銀　材料作文　南京：江蘇少年兒童　二〇〇〇

李小平　創造技法的理論與應用　武漢：湖北教育　二〇〇一

李安學　新編小學作文教與學　青島：青島海洋大學　二〇
　〇一

李建榮、陳吉林　小學作文教學大全　成都：四川大學　二
　〇〇二

李向成、任強　點擊學生的創新思維　北京：中國社會科學

二〇〇二

李秀麗　小學生漫畫作文　武漢：長江文藝　二〇〇三

林建平　創意的寫作教室　台北：心理　一九八九

林淑英　作文新苗看圖學作文　台北：華一　一九九三

林明進　創意與整合的寫作　台北：國語日報　二〇〇三

林明進　理解與分析的寫作　台北：國語日報　二〇〇三

林美琴　上作文課了：作文教學妙招大公開　台北：小魯
二〇〇四

林蔚人、徐長智　小學生看圖示範作文　北京：西苑　二〇
〇二

周慶華　創造性寫作教學　台北：萬卷樓　二〇〇四

紀斌雄等　華一國小圖說作文　台北：華一　一九八四

洪榮昭　創意媽媽教室　台北：師大書苑　一九九八

柯振盛　國小看圖作文　台北：大展　一九八〇

翁華芝　看圖作文引導　高雄：愛智　一九八五

高潮　新世紀初中作文全程指導　上海：上海教育　二〇〇三

倪文錦、歐陽汝穎　語文教育展望　上海：華東師範大學
二〇〇二

張水金　攝影作文　台北：樹人　一九八一

張玉成　思考技巧與教學　台北：心理　一九九三

張世慧　創造力：理論、技術／技法與培育　台北：五南
二〇〇三

張伯華　新世紀中學語文全書：作文卷　北京：語文　二〇

○一

張春榮　作文新饗宴　台北：萬卷樓　二○○二

張春榮　文學創作的途徑　台北：爾雅　二○○三

陳滿銘　作文教學指導　台北：萬卷樓　一九九四

陳滿銘　章法學綜論　台北：萬卷樓　二○○三

陳龍安　創造思考教學的理論與實際　台北：心理　一九八八

陳育慧、陳淑慎　趣味看圖作文　台北：長圖　一九九三

陳英豪等　創造思考與情意的教學　高雄：復文　一九八○

陳鍾梁、張振華　作文思維訓練　杭州：杭州大學　一九九二

盛子明　中國小學生看圖作文大全　上海：上海遠東　一九
九九

馮家俊　小學生想像作文　南京：江蘇教育　一九九四

常雅珍　初學作文新妙方　高雄：復文　二○○三

楊方　小學生看圖作文辭典　上海：漢語大詞典　一九九四

黃基博　小學作文教學活動設計　板橋：螢火蟲　二○○一

黃基博　看圖作文新方法　板橋：螢火蟲　二○○一

黃慶惠　看繪本，學作文：繪本閱讀與寫作教學　台北：小
魯　二○○四

黃定富　新概念作文起步：美術作文　杭州：杭州　二○○一

黃秋芳　穿上文學的翅膀　中壢：黃秋芳創作坊　一九九○

遠航　中國小學生材料‧看圖作文精品廊　南京：江蘇文藝
二○○二

萬永富等　小學生語文手冊　上海：漢語大詞典　一九八九

看圖作文新智能

劉晉軍　小學卷・看圖作文　奎北：伊犁人民　二〇〇三

劉鋒、王中文　中國小學生典範看圖作文寫法大全　西安：
　未來　二〇〇一

趙勇　小學生課堂觀察訓練　太原：希望　二〇〇〇

管家琪　管家琪教作文：如何表達　台北：幼獅　二〇〇三

鄭昆　華一國小看圖作文記敘文　台北：華一　一九九一

鄭發明　看圖作文引導　台北：青少年　一九七九

鄭發明等　圖畫作文與提早寫作　台北：青少年　一九八七

鄭同元、鄭博真　國小看圖作文指導　台南：華淋　一九九二

鄭博真　作文教學革新　台南：漢風　二〇〇三

衛燦金　語文思維培育學　北京：語文　一九九七

蕭麗華　心靈的翅膀：創造思考性寫作鍛鍊法　台北：正中
　一九九〇

賴慶雄、楊慧文　作文新題型　板橋：螢火蟲　一九九七

賴慶雄　新型作文贏家　板橋：螢火蟲　一九九九

譚達士　作文教學方法革新　台中：省教育廳　一九七五

蘇洵明、葉宏德　看圖作文指南　台南：西北　二〇〇一

蘇洵明、林鴻傑　剪剪貼貼學作文　台南：西北　一九九三

國家圖書館出版品預行編目資料

看圖作文新智能 ／張春榮著. -- 初版. -- 臺
北市：萬卷樓, 2005[民 94]

面；　　公分

參考書目：面

ISBN 957－739－516－3 (平裝)

1.中國語言－作文　2.小學教育－教學法

3. 中等教育－教學法

523.313　　　　　　　　　　93024020

看圖作文新智能

著　　　者：張春榮

發　行　人：陳滿銘

出　版　者：萬卷樓圖書股份有限公司

臺北市羅斯福路二段 41 號 6 樓之 3

電話(02)23216565・23952992

傳真(02)23944113

劃撥帳號 15624015

出版登記證：新聞局局版臺業字第 5655 號

網　　　址：http://www.wanjuan.com.tw

E － mail ：wanjuan@tpts5.seed.net.tw

承印廠商：晟齊實業有限公司

定　　　價：240 元

出版日期：2005 年 1 月初版

2007 年 10 月初版三刷

ISBN 957－739－516－3